当教育成为束缚
大胆从教育制约中走出来

[印度] 克里希那穆提 J.KRISHNAMURTI 著

张婕 译

上海社会科学院出版社
SHANGHAI ACADEMY OF SOCIAL SCIENCES PRESS

目录 Contents

序言 1

前言：我们究竟为什么接受教育? 1

1. 通过一种不同的教育方式，一个全新的人产生了 ... 1
2. 合作、权威与自由之间是什么关系？ 25
3. 这种学校是必需的，因为世界杂乱无章 49
4. 只有宗教才能带来新文化 61
5. 只有在没有权威的情况下，你才能了解你自己 ... 73
6. 我们能够创造一个完全无为的环境吗？ 103
7. 我们必须引发自身的心理变化 127
8. 倾听的艺术也许是整个教育的奇迹 151
9. 你要如何赢得信任？ 181

橡树林学校的宗旨

　　从古代起，人们就一直在寻找某种超越物质世界的、不可估量的、神圣的东西。本校的宗旨正是去探究这种可能性。

　　探究知识、探究自我、探究某种超越知识的可能性，自然会带来心理上的革命，因此难免会形成截然不同的人际关系秩序，也就是社会。透彻地理解这一切能够带来人类意识领域的深刻变革。

J·克里希那穆提

序 言

　　探究知识、探究自我、探究某种超越知识的可能性，自然会带来心理上的革命，因此难免会形成截然不同的人际关系秩序，也就是社会。透彻地理解这一切能够带给人类意识领域深刻的变革。

　　克里希那穆提的一生中，在其帮助下开始建造的最后一所学校位于美国加利福尼亚州的欧佳谷。1922年，克里希那穆提首次在欧佳谷逗留了一段时间，1933年以后，他在那里持续居住了他有生以来最长的一段时间。从20世纪30年代早期开始，大量民众参加了他在欧佳谷的公共演讲。由于人们对他所讲的内容很感兴趣，很多家庭甚至迁移到了欧佳谷。克里希那穆提在欧佳谷写下了他的第一部著作《教育和生活的意义》，此书于1953年出版。1953年之后，虽然时不时会提到可能要以他的名义开办一所学校，但一直没有具体行动，直到那些建立克里希那穆提美国基金会的朋友们开始和他郑重讨论他的一些有关正确教育的观点。

1970年，在克里希那穆提的一段谈话记录中，他问自己：

难道少数睿智的家长不能联合起来创办一所尊重并关怀所有人的学校吗？在这所学校中，教育工作者不仅是信息传递者，不仅是传授知识的机器，他会关心全人类的幸福……这意味着要创建一个让教育工作者接受教育的地方，还意味着需要一些深感兴趣的家长的帮助。（《从学习开始》，1975年由维克多格兰茨公司（Victor Gollancz Ltd）首次出版。）

也许正是秉持着这种想法，克里希那穆提先是于1974年同意在马里布会见一些克里希那穆提美国基金会的受托人和其他一些朋友，继而于1975年在欧佳谷又会见了一些家长、受托人和未来的教师，讨论了开办学校的事情。这两卷《破除制约与教育》呈现了这些非凡的对话，它们促成了1976年橡树林学校的创办。

克里希那穆提诠释传统教育的目的就是让孩子们做

序 言

好顺应社会的准备，以及对为了获取知识只能死记事实展开讨论。他说这种教育通过压缩头脑功能、限制创造力，制约了我们的思想。教育工作者和孩子们受制于传统的探究方式，而忽视了去探索整个人类心理上、精神上、智力上和道德上更广阔的前景。他想让教育工作者去探索引发不同思想的可能性。

克里希那穆提提出了一个大胆的问题："有解放人类思想的方法吗？"他指出，人们可以"去除并消解"受制于传统和社会的情况。他想让家长们参与进来，理解他的用心。通过与孩子们交谈、陪孩子们散步、同孩子们一起生活，家长、教师和孩子们之间将会建立起一种没有权威的关系，只有自由探索和内心成长的感觉。当孩子们离开学校时，他们将具备睿智的优秀思想，"能够面对任何挑战，并理解宗教的真正含义"。

克里希那穆提关于正确教育的伟大愿景，体现在他的橡树林学校建校宗旨描述中：

探究知识、探究自我、探究某种超越知识的可能性，自然会带来心理上的革命，因此难免会形成截然不同的人际关系秩序，也就是社会。透彻地理解这一切能够带给人类意识领域深刻的变革。

克氏基金会

前　言

我们究竟为什么接受教育？
克里希那穆提接受福瑞德·霍尔的访谈

福瑞德·霍尔（福瑞德）：克里希那穆提先生，您目前正致力于在欧佳谷创办一所新学校，一个教育中心。我知道那里已经有四五所私立学校和大量公立学校了。我很好奇为什么还要再建一所学校。

克里希那穆提（克氏）：你想问这所学校与其他学校之间有什么不同。

福瑞德：没错。

克氏：先生，首先，我们究竟为什么接受教育？当我们接受教育时，无论在公立学校、私立学校，还是在大学和专科院校，我们要么制约了思想，要么只强调头脑的某个特定区域，也就是说只注重培养记忆并让相关记忆发挥作用的能力。这就是现代世界普遍认为的教育，欧洲、美国都是如此。印度也一样。所有这些都是碎片式教育。我们要做的是完整的教育。

福瑞德：您要从上小学的小孩子入手吗？

克氏：是的，8岁到18岁。

福瑞德：您对这些年轻人有任何特别的背景要求吗？

克氏：不，没有。当然，我们不希望他们是瘾君子，（笑）如果孩子们的父母离婚了，教育起来会相当困难。

福瑞德：您不想要受到干扰的孩子。

克氏：可以招收一两个，但不能整体都受到干扰。

福瑞德：您要办的是寄宿制学校吗？

克氏：寄宿制，还有一部分非寄宿。

福瑞德：您会提供一些必需的基础教育。

克氏：当然，我们会提供一流的学术教育，就像在英国和印度（开办的此类学校）那样。

福瑞德：好的，我看过一些有关这所学校的介绍，您说在这个地方人们可以学到一种健全的、理智的、神圣的生活方式。您介意谈谈这三样东西吗？健全的、理智的、神圣的，请给我解释一下您指的是什么？

克氏：你看，"健全"这个词，如果你查阅一本好字典，它指的是健康，生理健康。也就是说，不吸毒、不酗酒、不抽烟，保持绝佳的身体健康状态。恰当的营养，优质的食物，以及所有相关的东西。再说"理智的"；

前言：我们究竟为什么接受教育？

理智这个词意为没有被信仰扭曲思想，没有被宣传制约思想，这种思想能够清楚地、自由地思考，不受任何特定传统的束缚。

福瑞德：我们当中有人能在，比如8岁时，达到这个境界吗？

克氏：当然不行，可怜的小家伙们！不，当然不行，但随着他们的进步，随着他们慢慢长大，我们将会努力营造师生之间的正确关系，这样，在与他们讨论问题时，老师和学生都能够解放自己。这才是教育的核心问题。

另外，"健全"和"神圣"也意味着：要把生命当作某种神圣的事物来对待。毕竟，人不仅仅是动物，不仅仅是技术实体。我们想要尊重自然。我们想要尊重其他人，不想变得暴力，不想变得残忍、自私。所有这些都隐含在"神圣"这个词里面，此外，它有着更多更深的含义。

福瑞德：您看到当今的全球教育体系中，存在着一种物质至上的趋势吗，如何在社会中行事？

克氏：哦，当然看到了。因为每个人都很关心如何赚钱、找工作、得到一官半职——在印度也是如此。

福瑞德：人们都在努力实现各自的目标。

克氏：他们全都努力于此，所以变得物欲横流，不过他们却假装很有精神追求——你知道："我相信这个"，另一个人相信那个。这些全是假象，全是伪装。事实上，他们所有人都在追逐金钱。

福瑞德：这种教育的最终结果是什么？

克氏：如你所见，结果就是认同了不道德的政府、不负责任的行为；把暴力和不道德当作自然而然的事情。除此之外，就是毒品或酒精，或性行为，性是另一种形式的毒品，十分猖獗。你知道美国的现状，很不幸，这种情况会逐渐蔓延到全世界。

福瑞德：美国是引发者吗？

克氏：我恐怕是的，此外，美国，特别是加利福尼亚，在其他某些事情上也树立了榜样，不仅仅在自由和研究方面。所有这些你都知道。

福瑞德：您把学校描述为可以学到重要知识和无关知识的地方。请解释一下无关知识。

克氏：先生，知识的作用是什么？我们在科技方面、社会方面积累的经验有什么用？它能变成知识，作为记忆储存在大脑之中，进而帮助你做出熟练从容的反应。这就是知识的作用，如果我们只发挥该领域的作用，我们不过是一部计算机，事实也确实如此。

福瑞德：我们没有自己的生命。

克氏：经过数千年的发展，我们的大脑已经变成了卓越的计算机。虽然不像电子计算机那样发达，但却能

前言：我们究竟为什么接受教育？

自动地、机械地、浅薄地发挥作用。人们意识到了这种浅薄的机械式的、重复式的、二手式的生活方式。所有知识都是二手的。一个人也许得到了新知识，但它随之就会变成二手知识。如果你过着这样的生活，其实没有自由可言。这就好比有一部卓越的计算机在谈论自由。这就是无关的知识。你必须具备学习的自由，你必须具备探究的自由。我是说，整个基督教、印度教和穆斯林都受到了某种信仰、教条、仪式和传统形式的制约。久而久之，本该探究真相的人们变得接受了某种信仰或信

　　因为学生的生活与所学艺术中表现了包罗万象的主题，它们嵌入了学校的文化、氛围、课堂练习与学生的学习期望之中。因此橡树林的学生总在学着使用其思想、身体与内心。

念或教条，或不断重复的仪式。我认为知识有知识的作用。它必定有它的一席之地，否则我们也无法实现今天所有的成就，然而，只要我们终其一生都留在那个领域之中，就会有其他一些领域被我们完全忽视，而这些领域正在慢慢地开始觉醒。

福瑞德： 它们开始觉醒是因为我们意识到自己缺失了这些东西吗？

克氏： 不，我想它们的觉醒是因为这些领域涉及很多谜团、很多神话，人们明显感觉到了它们的局限性，所以人们必须发现一些其他的东西。可惜，这并非出于对无关知识和相关知识的理解。

福瑞德： 如果您要招收一名8岁左右的成长于普通家庭的少年，他已有一些偏见和成见，来自于……

克氏： ……来自于他所生活的社会，来自于他结交的一些朋友。前几天，我们和一名十四五岁的男孩进行了交谈，他已经变得有些暴力了。

福瑞德： 您要如何去除或剥离他所受到的那些制约呢？

克氏： 如果他来我们这类学校就读，我们有责任，教育工作者有责任通过与这名学生进行交谈，通过上课等所有手段，让老师和学生都意识到他们受到了制约。并不是我没受到制约，你受到了制约，而是我们都受到了制约，所以我们要——通过谈话、通过讨论、通过观察、通过自我观察、通过各种方式——解放自己。因为若非如此，我们将会毁掉彼此。这正是当今世界正在发生的事情。

福瑞德：确实如此，所以真正的关键是您对教师的选择，对吗？招聘教师一定极其困难。

克氏：没错，非常困难。因为在这个世界上，教育工作者报酬不高、不受尊重，所以那些找不到好工作的人最终成为了教师。

福瑞德：而那些找到好工作的人却变得谨小慎微、十分保守。

克氏：所以我们在寻找合适的教师人选时，遇到了极大的困难。

福瑞德：你们目前是如何解决这个问题的？

克氏：我们的做法是同任何有兴趣来此和我们在一起的人，进行讨论、深入剖析，看看我们能做些什么。这不是为了金钱。当然，有钱才能生活，才能做其他事情。我们主要是为了带来一种人与人之间、教育者和被教育者之间的不同关系。

福瑞德：我们暂停一下，来谈谈这所学校的实体。它将坐落在哪里，它将如何开始，以及建筑方面的情况等等？

克氏：先生，你知道橡树林吧，就在那边。

福瑞德：您有时会提到这个地方。

克氏：那片地产现在归我们所有，大约有100英亩。

福瑞德：我想那是世界上最美的100英亩。

克氏：我相信是的。那里景色非常迷人。它高高在上，像个鸟巢。整个城镇林立着迈纳斯橡树社区（Meiners Oaks）和其他所有丑陋的建筑，但往高处走却全然像一个新世界。我们和建筑师一起去了那里，和他一起对校址精挑细选。我们需要钱，你知道，整个事情都需要钱。

福瑞德：哦，那是当然。据我了解，今年您在这里参加访谈得来的钱将会流向那所学校。

克氏：啊，不，我个人不会收取一分钱。我没有银行账户。我对那些东西深恶痛绝。我不是那种大发其财并囤积财富的精神导师。（笑）他们需要钱，会组织人们募捐，乞讨，把帽子传来传去地筹钱。

福瑞德：那么，您打算一点点做起来喽。

克氏：没错，小心地一点点地慢慢来。我们不会马上招收500名学生。我们做不到。我们可能会从二三十人开始。

福瑞德：它会超越一所学校吗？成为一个集会的场所，一个冥想的场所？

克氏：会的。所以我们一直称其为教育中心。年长的人可以来这个地方思考、讨论、交流、冥想、洞察真理、解读自我、升华转化。它不仅是一个集会场所，它也是一个非常严肃的地方。

福瑞德： 它和英国的布洛克伍德公园学校有丝毫相似之处吗？

克氏： 有，也没有。（笑）我在印度帮忙创办的学校有四所——我不是在吹嘘它们，我只是帮忙创办了它们。每所学校都应该有别于其他学校，而不仅仅是相互模仿，这样才是创新的东西。布洛克伍德学校完全不同于印度的学校，我们希望欧佳谷的这所学校也与其他学校完全不同。但是，它们都有一些共同的特征，它们是国际性学校，它们是非独裁制、非等级制学校，并不是校长第一，学生次之。我们将与对这所学校感兴趣的家长一起，联手打造这所学校，他们可以到那里去走走、看看，和我们一起讨论相关情况。这所学校是一个共同体，不是由我们创办，而其他所有人袖手旁观。对这一切感兴趣的家长、老师和年长的人们，我们大家一起打造这所学校。

福瑞德： 我一直想问您有关家长的事情，因为他们是第三个要素：学生、老师、家长。

克氏： 是的，家长。我们一直建议家长应该参与其中。家长们也希望孩子能以这种方式接受教育，而不是在学校一种教育方式，在家里又被推向另一个方向。这会让可怜的孩子们产生矛盾，无所适从。所以，老师、学生、家长一定要相互合作。

福瑞德：在某种程度上，还要有社区的合作。

克氏：社区，如果他们愿意加入，也可以参与进来。

福瑞德：我还想再问您三个词，想听听您对这三个词的理解。请允许我引用一下这本小册子上的话，您说："在这里人们可以学到不以依附或占有为基础的关系的重要性。在这所学校中，人们必须了解思想活动、爱与死亡，因为这一切构成了整个生命。"思想、爱与死亡。

克氏：是的（笑）。

福瑞德：我想我们谈论过一些思想方面的东西，但很少谈论爱和死亡。

克氏：是的，你知道，先生，这是一个非常复杂的问题。整个西方世界——我此刻谈论的是西方世界的思想，但我并不是要拿它和东方世界作对比。西方世界以思想为基础。他们的宗教立足于思想之上。

福瑞德：在一定程度上。

克氏：思想创造了神秘。思想创造了救世主。思想创造了所有的宗教结构和所有的经济关系。他们称之为爱，但它本质上却是以思想为基础。我并不是在判断是非，我只是指明情况。其结果是人们过着完全矛盾的生活。你相信道德，却做着不道德的行为。这在过去几年

前言：我们究竟为什么接受教育？

美国政界发生的所有事情上表现得尤为明显。东方世界认为思想不可能捕获或理解无边无际的东西，因为思想是支离破碎的，思想是有限的、有边际的，你无法通过思考了解现实和真相等等。但他们却锻炼思想去捕捉真相。他们说一些要控制思想、要冥想，要迫使你的身体做这个别做那个，要跟随你的精神导师等等胡话。所以，东西方都是一样的。然而，我们认为，思想虽然有其一定的地位，但思想不可能理解其他的人或物。所以你必须寻找力量——很抱歉我得用一些简单的词——寻找并非由思想创造的力量。比如说，思想创造了争强好胜的力量，思想创造了占为己有的力量："我拥有我的房子，我的妻子"，所以思想创造的力量会导致冲突。这些都是事实，不是我的臆想。如果你仔细观察，你会发现当你对房子有所依恋，你会变成房子。

福瑞德： 欲求会把握住思想。

克氏： 没错。如果我依恋一件家具，我会变成那件家具；我就是那件家具。如果我像大多数男人那样，占有自己的妻子，那我占有了什么？我占有的是我创造出来的关于我妻子或我女儿或我儿子或无论什么人的想法，我占有的是我创造出来的关于他们的想象。

福瑞德： 是的，我听懂了。您是说思想是有限的。那么爱是无限的吗？

"开放屋和全校展示"公告,邀请大家参加校园游览、学生活动、免费全家福、教育对话与有奖素食活动。"教育是为了什么?什么是幸福?过上好生活与成为完整的人意味着什么?"

克氏：不，我们必须了解什么是爱。爱是愉悦吗？我们从性快感中得到了愉悦。我们从爱地球中得到了愉悦。但爱就是愉悦吗？愉悦指的是记忆；也就是说，我曾有过绝妙的体验，我把它记录了下来；大脑把它记录了下来，这令我感到非常愉悦，我想要重复这种感觉。

福瑞德：所以我爱它。

克氏：我爱它。

福瑞德：是的。

克氏：所以，人们必须了解什么是爱。爱是愉悦吗？是成就吗？是渴望吗？一个野心勃勃的人能够去爱吗？

福瑞德：这是个好问题。

克氏：一个争强好胜的人能够去爱吗？他也许会对他的妻子或女儿说："我爱你，亲爱的"，但另一方面他却野心勃勃、争强好胜、咄咄逼人、尊崇暴力。所以爱只存在于没有野心、求胜心、攻击性和暴力思想的情况下。

福瑞德：第三个词，死亡。

克氏：啊，死亡。哦，是的。（笑了）你想严肃地讨论一下死亡吗？

福瑞德：是的，我们还有时间。您在这里说得非常明确，我想很多读过这个、经常听您演讲的人，也许知道您指的是什么。

克氏：我来告诉你我指的是什么。先生，古埃及人相信转世轮回。在印度和亚洲，人们也相信这个，他们相信自己会在下一世重生。至于在下一世中会受到奖赏还是惩罚，则取决于你在现世做了什么，表现如何，因为行为举止是人与人之间关系的最高形式。如果你行有不端，你将会在下一世为此付出代价。他们行为不端，却相信转世轮回，这真是荒谬。而在基督教的世界中，人们也有自己的复活理论。

福瑞德：还有天堂和地狱的说法。

克氏：如果你不相信耶稣，你会下地狱；如果你不接受某些教义，你会下地狱。基督教的世界伴随着宗教法庭、伴随着逐出教会、伴随着恐吓威胁，所有这些都是恐惧的一部分。一方面，你说："爱主耶稣"，另一方面，你却说："如果你不信，你会下地狱。"这实在是不合常理、愚蠢可笑。所以人们必须了解，在没有信仰的情况下，人死时会发生什么。在不省人事或身患重病的状态中，人们会了解死亡意味着什么吗？当你遭遇事故丧生时又如何呢？又或者当你风烛残年、人老体衰、老态龙钟时，却说："哦，我的老天，我害怕死亡？"当你身患重病、丧失意识的时候，你无法了解任何事情。那有什么意义呢？你的身体机能永远无法再延续了，因为我们滥用身体、过度饮酒、过度沉迷于性爱，所以我们毁掉了身体。身体有其自己的智慧，但心理上的死亡意

前言：我们究竟为什么接受教育？

味着什么呢？——它意味着真正远离了你所拥有的一切：你的姓名、你的妻子、你的房子、你的钱、你的一切。你迟早要面对死亡。那么，在你活着的时候，你能够自愿远离所有这一切吗？这样，你每天都是死亡的化身，是重生的自己。

福瑞德： 我明白了。您是说受到制约的自我的死亡。

克氏： 不，是自我的死亡，不是受到制约的自我。自我本身就是受到制约的，是制约条件下的产物。

福瑞德： 是的，没错。我还有一个几乎涵盖了一切的根本问题要问您。您足迹辽阔，经常演讲，有数百万听众，您创办了好几所学校，还有一个正在筹备当中。您有没有觉得您已经引起了人们的注意，与很多人都有过深刻的交流呢？

克氏： 我希望如此，先生。

福瑞德： 您认为这份努力值得吗？

克氏： 就算不值得，就算没有结果，我也会去做。我并不追求结果；那样很可怕。这正是我想说的；要么接受，要么放弃。这是现实，面对现实吧。这是每个人都要面对的事情。你必须面对今生。你现在就得行为端正。因为若非如此，我们会毁灭一切。我们会毁灭鲸鱼。我们会毁灭地球。极权专制主义者和基督教徒已经毁了数百万人。我要说，看在老天的份上，听听我说的这些话，不要接受它或否定它，看看即可。

福瑞德：当我们觉得自己变得文明时，完全是在自欺欺人吗？

克氏：我对此表示怀疑。我们的内心只是在更加关心生命的层面进步了吗，而不仅是关心拥有金钱、车子和地位？否则，为什么要做这一切？为什么要以国家或上帝或无论什么东西的名义杀人？

福瑞德：越来越多的年轻人似乎都在问这个问题。这会令您受到鼓舞吗？

克氏：是的，先生，但他们不会坚持下去。你看到了美国正在发生的事情。所有这些精神领袖正在美国制造一场大浩劫，他们带来了他们那些古老的、受到制约的信仰、理论和教义。这和基督教的世界如出一辙。

福瑞德：人们为什么会有如此高的接受度？

克氏：因为美国人需要一些新的东西。

福瑞德：一个新的答案，因为旧答案没有用吗？

克氏：因为新答案包裹着说辞不同的外衣，人们认为这很奇妙、很浪漫。有人告诉你不要饮酒，或不要做爱，或不要相信克利须那神（Krishna）等东西，这在短时间内会很有趣，但人们很快就会将其抛之脑后，去追求其他东西。

福瑞德：所以，我们正在讨论的其实是这种理解方法。它好比迷恋上了摇滚音乐之类的东西。

克氏：都一样。无论你迷恋上摇滚音乐还是某种想象或某种信仰，其实都是完全一样的东西。

福瑞德：您招聘教师还需要多久，有开学的最终日期或目标吗？

克氏：我们有一两位老师、五名学生就会开学。这就足够了。

福瑞德：开始是小学。您打算开办中高级学府吗……

克氏：以后也许会。我们得看看事情的进展。

福瑞德：您在其他国家有什么经验吗？您在那边开设高年级了吗？

克氏：哦，有大学等等。

福瑞德：您从中总结出什么结论了吗？

克氏：你看，先生，以我们在印度开始办学为例，我们一开始什么都没有。我们睡在地上，日出而作，日落而息，因为没有电，没有灯。我们默默地办学，可谓简单原始，非常年轻，慢慢地它成长为印度最好的学校之一。然而，这还远远不够。此外，在布洛克伍德学校，只有55名学生。我们不需要更多人了。那些人来自13个国家；那里不存在权威等东西。所以，你看，问题在于这个世界太不像话了；世界已经变得太可怕了。我不知道你是否清楚正在发生的这一切。家长，特别是印度的家长，都希望孩子们能够自力更生，能有一份工作，能够成家立业，过上安稳的生活。你知道这意味着什么。

福瑞德：随波逐流。

克氏：随波逐流、相互模仿、接受事物的现状。"不要制造麻烦。麻烦已经够多了，别再增添麻烦了。要逆来顺受，坚持忍耐，遵照印度的传统。要接受权威。父母总是对的。"如果他们说要成为工程师，你就成为工程师。印度人主张："遵从父母，父母懂的比你多。"但在这里，在欧洲，人们会说："让这些主张见鬼去吧，我们想做的是我们认为正确的事情。"而后，他们却背道而驰。这是必然的，因为他们没有经验；他们不知道会怎样。他们遭受苦难，他们看到周围全是不幸，他们说，"我不想陷入所有这些混乱之中"，但他们却制造着自己的混乱。

福瑞德：您能挑出任何一个与其他国家相比更为出类拔萃的国家吗？

克氏：不，我恐怕挑不出来，先生。我曾游历了澳大利亚、印度和整个欧洲，但全都一片混乱。政治家没有帮助。宗教人士没有帮助，他们甚至都不是真正的信徒，他们只是自称为信徒。你知道，先生，古代的佛教和一部分印度教，绝对不会开战。他们不主张杀生。我一生中从不吃肉，也不抽烟。我是作为婆罗门被抚养成人的。我从不接触肉类。在印度，婆罗门的传统是不杀生，但现在人们把这些全忘了，他们杀生，他们吃肉。这种不幸在扩散，到处都是。在英国和欧洲，当时的需求必须得到满足：" 别在意明天或是将会发生什么。"这些你都知道，先生。

福瑞德： 是的，我自然密切关注着这些新闻，也参与了报道，我当然知道这些。在我跟您谈话时，您听上去非常悲观，但我不认为您是个悲观的人。

克氏： 是的，我并不是一个悲观的人。我很乐观，然而，这些却是事实。是正在发生的事情。你必须面对它，不能将其掩盖，并声称是政治家的错，是牧师的错。形成这种可怕的情况，你也有责任，每个人都有责任。

福瑞德： 在我们这种民主主义国家中，是否有更多的改正机会？

克氏： 是有更多的机会，也有更多的腐败。

福瑞德： 现在这片社区可以采取什么方式帮助您创办这所学校吗？

克氏： 是的，先生，提起兴趣，负起责任，想办法，帮忙建设学校，帮忙捐款。如果我对什么事情感兴趣，我会成为其中的一分子。（笑了）我想我们可以通过把错误归咎到其他人身上，变得不负责任；我们可以推脱说政治家或政治将会有所变化，将会解决我们所有的问题。这当然不行。我们的问题深藏于我们自身。

福瑞德：我们希望一些政治领袖能够由于他们所行使的权力对此产生一些认识。您认为存在这样的领袖吗？

克氏：我和很多政治家有过交谈，我和一些内阁成员有过交谈。他们刚一得到权力，就发生了一些变化。他们是正派人，清廉、和蔼、友善；他们就职的那一刻便发生了一些变化。

福瑞德：我祝愿您在这里的新冒险一切顺利，我们会继续期待您的言论。

1

通过一种不同的教育方式，一个全新的人产生了

我创办的学校不是克氏学校，它是我们大家的学校，你的、父母的、学生的。在这样的学校中，我们要共同学习，努力做些什么。这所学校并非让学生脱离现实，不食人间烟火，超凡脱尘。是要教育他们在现实生活中清醒地意识和分辨现有的一切庸俗潮流，不要被动地受着商业主义、消费主义、彻头彻尾的肤浅所驱使。让孩子们在不堪的现实中葆有一颗自由的心灵，掌握自己的人生。

克里希那穆提（克氏）：英国和印度的这些学校与其他学校相比有什么区别？我们想在这些学校中做些什么？位于美国加利福尼亚州欧佳谷的这所学校与全球各国及美国社会有什么关系？我们应当着眼于美国当前的形势，并以此为起点，搞清我们需要哪种学校，以及这所学校与美国文化之间将会存在什么样的关系？那里是否有美国文化？以及这所学校与普通公立学校和私立学校之间有什么区别。

请不要以为我在讲反对美国的言论，我没有。我从1922年，也就是52年前，来到了这个国家。我曾在美国境内有过一些旅行。所以我无论如何也不会反对这个美丽的国家，以及非常友善慷慨的美国人，但我们必须考虑一下现状。

极权主义政府，某些国家在其所有的人造卫星的帮助下，是坚不可摧的极权主义者，他们的秩序感以一种僵化的意识形态存在着。你们必须知道这些。我之所以

1 通过一种不同的教育方式，一个全新的人产生了

重申这一点是为了我们能够熟悉我们自己的措辞和语言交流手段。我去过欧洲的很多地方，与很多欧洲人交谈过，欧洲并不是很有创造性。

你来到美国之后，会有一种极度混乱的感觉，政治方面、宗教方面、道德方面、性爱方面，各个方面都很混乱。据我所知，这里没有新文化的诞生。我也许说错了，如果我错了，请指正我。除了在科技领域之外，这里没有任何创新的冲动。在科技方面，美国人的专有技术独特非凡，遍及世界各个角落。商业主义和消费主义取代了文化；你知道政界正在发生什么事情。这个国家不存在宗教精神——据我所知，其他各国也没有。那些来到这个国家的新的精神导师真的很可怕。对于这些卑劣的精神导师而言，金钱、权力和地位变得极其重要。他们除了能带来一些古老的废弃的印度传统以外，没有其他任何东西可以传达给人们。你们必须知道这一切；我现在说的这些话也许已经非常明显了。与极权主义相对的民主主义似乎非常低劣、不负责任、放纵自如、没有任何秩序感。

如果我们要创办、打造或组建一所新学校，我们会让孩子们、学生们接受什么样的教育呢？我们会教育他们像其他人一样吗——无序、无德、没有丝毫文化感和庄重感？很抱歉我说得这么激烈，因为我对此事的感觉

非常激烈。我们会教育他们遵从现有的一切庸俗潮流吗：商业主义、消费主义、彻头彻尾的肤浅感？

我们大家的意图是什么？因为它不是克氏学校，它是我们大家的学校。至少，我是这样认为的。对我而言，按照我的理念创办一所私人学校将会走向灭亡。这是我们大家的学校，你的、我的、父母的、学生的。我们要努力做些什么呢？我们要如何教育学生，进而使我们自己成为截然不同的人呢？这才是真正的问题。现代人，除了少数例外，都是蛮夷、野蛮人。我用了"野蛮人"这个词，事实上也确有其义。我们想让学生们遵循某一种模式吗，或者说想让他们成为光鲜的职员、商人、技师吗？我们可以通过教育，帮助他们活在这个世界上，不从世界上隐退吗？我们想要做些什么？

如果某人有个儿子或女儿，或者他是那些孩子们的老师，那么我想让他们接受什么样的教育呢？我喜欢我的孩子，我爱他们，但是我没有时间。我必须去挣钱。当我的个人问题与妻子的个人问题有了冲突时，我和她发生了争吵，她不得不去工作挣钱，我们基本上没时间照顾孩子。因此没有爱、没有陪伴感、没有情感联系和信任。孩子们放任自如地长大，变得和世界上的其他人一样。我们将在欧佳谷开办一所学校，我们的责任是什么？

我们要在哪些方面负责，对谁负责？对家长吗？对

1 通过一种不同的教育方式，一个全新的人产生了

我们生活的社会吗？对孩子吗？还是对我们自己呢？还是对我们所持有的要把孩子教育成什么样的理念负责呢？如果我是欧佳谷学校的一名老师，我的责任是什么？我要对谁负责——对克氏学说的理论、描述及其隐含的深意负责吗？如果我对那些教义负责，那我是完全不负责任的。因为那时我是在对我所理解的教义概念负责，我会试图让我的观念或想法或缺失的想法遵从克氏理论。因此我会变得不负责任。只要我遵循着某种观念，我就是不负责任的，而是这种观念在负责。这是一点。

那么，我要对我的感觉、我的想法负责吗？我要对我所理解的教育负责吗？我是怎么想的？我怎么知道我的想法是正确的？它是一种看法吗？是观察周遭事物之后得出的评估吗？我从中得出了结论，它们变成了我的固定看法。我要对那些看法负责吗，我要对家长负责吗？

说到家长，他们关心他们的孩子吗？他们有时间吗？我要对他们负责吗？他们想要什么？在印度，家长希望孩子们能够通过考试，拿到学位，找到工作，结婚生子，安顿下来，安安稳稳地度过余生。在欧洲，也是一样的问题：工作、职位、人身安全等等。而在这里，父母们想要什么呢？他们足够关心孩子、爱孩子，想让孩子得到不同的教育吗？他们想让孩子成长为与众不同

的人吗？而不是永远沉浸在商业思想中、争强好胜、庸俗、肤浅、不惜一切代价寻欢作乐？我要对有这种倾向的家长负责吗？

看看世界上正在发生什么，不仅是美国，还有欧洲、俄罗斯、中国、印度等等。纵观全局究竟发生着什么。我们看到所有家长都在经历着混乱、不幸、苦难和痛楚：战争、暴力与暴行。看看这一切，不要依照我们的看法或判断，而要看到事情本身，从这样的观察中，我们能够一起带来一种不同的教育吗？这样学生或孩子们才会真正变得睿智（intelligent）。睿智（intelligent）这个词从 inter-legere 衍生而来，意为解读字里行间的言外之意。当然它的意思要多得多，不止于此。至少对我来说，它真正的意思是敏感，在内心深处，过上没有矛盾冲突的生活、过上简朴的生活。简朴通常是指：艰苦、严苛，正如清修的僧侣否定了美丽、情感、爱和柔情。我说的简朴不是这个意思。睿智也指清楚客观的思考能力，不掺杂个人因素、情感因素、感性和浪漫。当有了洞察力和行动时，就会变得睿智。感知就是行动。所有这些都隐含在这个词中。

现在，我们能够一起在欧佳谷的学校中打造一种自由的氛围吗？不是放纵每个人去做各自想做的事情，而是一种自由的、有序的、有德行的感觉，一种自由的、

1 通过一种不同的教育方式，一个全新的人产生了

有序的、有德行的氛围。我们能够把这些带到我们即将开办的学校当中吗？也就是说，这里的学生必须掌握很多技术方面的东西，与此同时还要培养一种在知识领域并不常见的自由。看看印度、俄罗斯、中国、欧洲和美国正在发生的事情。他们在培养知识，他们在培养广泛的记忆，他们在汇集科学、数学、地理学、历史学等领域的大量信息，他们对存在的其他领域甚至漠不关心。

我们必须掌握知识、数学、历史等所有的内容，那么我们怎样才能一边培养知识，一边在实际的教学活动中，从知识中获得自由呢？因为若非如此，我们永远不会具有创造性，我们只能在艺术领域、科学领域等方面不断扩展知识领域；只是革新而非创新。最终，艺术变成了现在的样子，有一些新东西，有一些改革；人们总是在拓展，力求改变新东西的外形，改变已知的东西，这并不是创新。至少在我看来是这样，我也许错了。真正的创新意味着心理上和思想上的自由，意味着脱离了各种东西的极大的自由。这时不需要深入其中。创新之花会在自由中绽放，不仅会在科学和艺术领域中绽放，还会在精神和思想领域中绽放。这所学校能实现这一点吗：培养知识，与此同时，从知识中带来自由？并实现二者在生活领域中一起和谐发展。

换句话说，我们是二手的人，作为二手的人，我们

永远无法具有创造性。作为二手的人，我们必然总是生活在知识的牢笼里，而这些知识会变得越来越重要，越来越束缚我们，要求也越来越多，这样人们才能在那个领域中生活并存活下去。没有人会关心其他领域。其他领域对于知识领域来说，反而会变得非常危险——至少他们会这样认为。所以这或多或少也是我们的一个问题。这个问题我讲得非常粗略，还不够清楚，但我们可以加大篇幅，深入具体地探讨。

比如说，我是印度、英国或美国的一名教师。我知道数学意味着秩序。这里有谁是数学家吗？先生，你清楚知道这意味着什么。数学意味着秩序，它不仅仅是数字符号，不仅仅是告诉人们二加二等于四，而是意味着极好的秩序感。现在，我要如何告诉学生学习数学之所以必要，并不仅是因为它代表秩序，我还要教给他、帮助他了解秩序对他本人和他的外在行动意味着什么？

听着，先生们，我是欧佳谷的一名教师。我面前有一些学生，大约十人左右，我首先想向他们传达的不是数学，不是教给他们二加二等于四之类的东西，我想告诉他们的是秩序在生活中意味着什么。因为没有秩序就没有安全可言。大脑只有在绝对安全的情况下才能运转。它也许会在神经质的习惯、神经质的理念等东西中寻求安全感，但它必须拥有秩序，也就是安全感。现在，我

1 通过一种不同的教育方式，一个全新的人产生了

想把这点传达给他们，这是我的首要工作。作为一名数学老师，这是我的首要工作。我要如何很好地传达内在与外在的秩序感？因为我的内心很混乱。我很矛盾、很凌乱，来自无序家庭的学生已经被社会污染了，已经有了各种各样的古怪想法："我为什么要听你的"等等。既然我知道学生混乱、困惑而固执，就像现代的美国孩子那样，没大没小、大呼小叫，那么在连我自己都感到困惑、混乱的情况下，我要如何作为一名老师去传授这些知识呢？

我知道他们必须学习数学。数学对大脑非常有益，大脑需要多用多练，所以他们必须了解数学。这是我的第二个问题，教授数学。我们现在就来看看这个问题，如何教。在这十个学生面前，我非常重视他们能够生活得秩序井然。我不知道这意味着什么，因为虽然我很混乱，我很困惑，但我知道生活得秩序井然有多么重要、多么必要、多么不可或缺。因为只有这样，头脑才能清清楚楚、明明白白，因为它绝对安全。现在，我该如何去做？

提问者：你不是要让孩子们感到安全，以便他们的头脑能够高效运转吗？

克氏：你要如何让孩子感受到安全？

提问者：首先，你要热情，你要营造一种没什么可

害怕的氛围。

克氏：这意味着你必须有一所寄宿制学校。

提问者：不一定。

克氏：别着急，先生，我来告诉你为什么。我们在印度曾有过这种经历。孩子们放学回家。他们在家里感到不安全，因为父母的疲惫、烦躁和无礼。父母们疲惫地回到家，基本上没有时间照顾孩子。后来，孩子们回到了老师那里，在这几个小时之中，如果你能处理得当，他们会感到安全。来看看发生了什么：在家没有安全感，在学校有安全感。对吗？那么他们的内心发生了什么？

提问者：矛盾冲突。

克氏：是的。你会如何阻止这种情况？

提问者：你能谈谈这个矛盾的形成吗？

克氏：可以。

提问者：不，不，我不是在问您，我是说，有什么人能谈谈这件事，帮助学生去理解这件事？

克氏：如果他们讲道理的话。如果你能对他们晓之以理的话。

提问者：是的，但是和一个6岁的孩子讲道理是非常困难的，你知道吗？因为他还不成熟，他还很有依赖性。他必须依靠你的认可、你的爱、你的热情、你的引导。

克氏：这是当然。那么你会如何应对或处理这件事？

1 通过一种不同的教育方式,一个全新的人产生了

提问者:这意味着你不仅要面对孩子,还要面对家长和老师。

克氏:这是什么意思?继续深入,先生。你去找家长谈话。你说:"听着,你必须留出一些时间给孩子们,你必须培养他们对你的信任感。你必须付出感情、关怀和爱。"对吗?他们能做到吗?

提问者:也许能,也许不能。

克氏:他们真的能做到吗?不要说也许能,也许不能。因为在美国,父母双方都要去赚钱谋生。他们必须离家八九个小时或几个小时,之后在五六点筋疲力尽地回来。那么,我们该怎么做呢?我想我们待会儿再谈这个问题,我们来找出它的解决方案。要么是一所寄宿制学校……

提问者：要么至少是一所在家庭和学校之间不存在障碍的学校。

克氏：也就是说家长也必须住在学校里。

提问者：或者必须有家长就是学校的责任感。

克氏：我完全赞同你所说的话，但是，父母必须有时间才能负起这个责任。可他们没有时间。所以这些孩子才会有现在这些行为表现。他们在家里感受不到爱。爱指的是某些截然不同的东西：看到孩子们受到恰当的教育，不出去杀害动物、破坏自然、杀人害命。所有这些都隐含其中。而父母们对这些全不在意，除了极少数的一些父母之外。我们待会儿再谈这个。

我对这些学生的责任在于：既要让他们尽可能多地了解知识领域的内容，同时又能得到内心的自由。我希望我们（我自己和他们）能够在这样的氛围中成长。我想教授数学。数学代表秩序。然而，我却很混乱：我抽烟、酗酒，我做了各种自相矛盾的事情。我告诉孩子们不要吸烟，可我自己却在吸烟。我自己处在矛盾之中，学生们也处在矛盾之中。我这种生活混乱的人要如何向他们传授秩序？我成了伪君子，他们会很快发现。我该怎么办？

提问者：我们不能一边谴责自身的混乱，一边进行探讨。

1 通过一种不同的教育方式，一个全新的人产生了

克氏：可我是个老师。我得对教育负责。看看我的困境。我要等到自己消除了自己的混乱之后吗？那时，我就是个老人了。（笑声）那么，我该如何处理自己与学生的关系？

提问者：也许有人会对自己的学生非常坦诚。

克氏：说得再深入一点。我是个老师。我生活在混乱之中，学生们也生活在混乱之中。我说秩序是必不可少的。我要如何对学生和我自己说明这一点？我知道我们双方（学生和我自己）的生活都很无序、很混乱、很可悲，诸如此类，我该如何处理这个问题？如果我是个老师，我知道我会怎么做。我会先跟他们谈一谈，不是关于数学。我会说："听着，你们的生活很混乱，我的生活也很混乱。我们都生活在一个混乱的世界中。"当我承认我很混乱，他们也很混乱时，会怎样？那时我们彼此之间的关系会如何？

提问者：没有距离。

克氏：不，会有交融的感觉，不会有不平等的感觉，不会有高人一等和低人一等的感觉。我不是发号施令的老师。我会与他们交谈，我说："你们看，我很混乱，你们也很混乱。我们可以一起从混乱中学习什么是秩序。"所以我们一起学习。不是跟我学；而是我们共同学习。那么我来谈谈学习。什么是学习？我在与你们建立的关

系中，发现了自己的生活非常混乱。你们作为学生，通过观察明白了你们的生活多么混乱。我们大家都是在学习。我不会告诉你们什么是秩序。极权专制主义者才会告诉你们什么是秩序，正如全球各独裁政体所做的那样，正如宗教所做的那样，宗教是专制的另一种形式。但我会告诉他们："你们看，你们和我将会通过研究混乱来进行学习。"我无法在不了解混乱的情况下了解秩序。所以我要深入探讨一下。什么是混乱？秩序是随心所欲吗？

提问者：显然不是。

克氏：不，不是显然——我必须清楚，他们也必须清楚，因为我们大家都在学习。

提问者：是的，但是你明白，你可以向他们讲解。当吉米想要这件玩具，而比利也想要这件玩具时，他们大打出手，这就是混乱。

克氏：所以呢？所以秩序意味着不要做自己想做的事情吗？

提问者：当然不是。

克氏：等一下，先生，来看看这里暗示着什么。你是在告诉我，我绝不能去做我想做的事情吗？

提问者：不是。

克氏：先生，不要说不。我全部的社交冲动、心理冲动就是去做我想做的事情。每个广告都在说去做你想

1 通过一种不同的教育方式，一个全新的人产生了

做的事情。对吗？整个商业主义都以此为基础。它并不那么简单。所以我告诉了他们。我对此深入探究。我在以这种方式扫除自己的困惑。所以我学到了在不总是表达我想做什么的情况下，会有怎样的行为。这是一个非常复杂的问题，一节四十五分钟的课程是讲不清楚的。每天我都会谈到这个问题。在数学课开始之前，我会谈谈这个问题，从十个不同的方面谈：在家里秩序意味着什么？服从父母吗？服从意味着什么？你为什么要服从？我日复一日地深入探讨这些问题。他们深有体会，而不仅流于语言，因为我通过和他们讨论我的混乱来清除自己的混乱。这是一种互动关系。在这样探讨五到十分钟之后，我开始上数学课。这很有意义。

这样，我的责任变得非常巨大，我不仅要营造包含情境在内的氛围，还要在班级上营造严肃认真的氛围。因为没有严肃认真的气氛便无法学习。我所使用的"学习"这个词，不仅是知识领域的学习，还要学习自我、学习世界、学习一切。我是个认真的人。除了是学校里的一名老师以外——我仅代表我个人的观点——我还是一个非常认真的人，我想向他们传达这一点，传达生活是严肃的，不是可以胡闹厮混直到死去的东西，要好好活着。我是认真的，我想把这点传达给他们。这里隐含着我的行为方式。如果我说了什么，我是认真的。所有

这些都包含其中。不要自我矛盾。可我却是矛盾的，所以我创造了我们大家共同学习的氛围。这就是教育中心——你明白了吗？——对于成年人，对于年轻的孩子们，我们是在那里相互学习。这是一个难题。

此外，秩序还意味着纪律。不是军队的纪律，不是压制、控制、服从权威的纪律。自由之中有纪律吗？在学校，自由是必不可少的，否则你无法进行创造；我们会变得像机器一样，美国的现状正是如此。美国没有自由，美国人都很平庸。对不起，你们都是美国人，请原谅我。他们都在追求别人告诉他们的东西，追求一个又一个潮流。那么，美国能有自由和秩序吗？什么是纪

1 通过一种不同的教育方式，一个全新的人产生了

律？"纪律"这个词意味着去学习。那么我能学得非常有纪律吗？我能通过学习纪律变得有纪律吗？

我学习数学。在学习数学的过程中存在某种纪律。每一门技艺都有其自己的纪律。如果我要做一个优秀的园丁，在学习有关园丁内容的过程中会产生它自己的纪律——不是强加的、不是被迫的、不是受到控制的，而是我在学习有关园丁内容的过程中，我自己领悟到的。那么，我作为欧佳谷学校的一名老师，能够传达这种纪律感和秩序感吗——没有权威、没有遵守、没有服从？也就是说没有恐惧。作为一名老师，我能够带来这种不存在权威、遵守和服从的纪律吗？自由意味着没有权威，对吗？很显然。美国发生了什么？这里没有权威，所以人们可以放任自如，随心所欲。政治上发生了什么？

那么，什么是纪律？学校必须有纪律。

提问者： 纪律不包括附加着责任感的为了学习而学习吗？

克氏： 我不太明白你所说的"为了学习而学习"是什么意思。

提问者： 你不会因为想要得到我的认可而去做某件事情。你是因为强烈地被某事所吸引，这里没有纪律，没有学习。只有你的全神贯注。

克氏： 是的，这意味着什么呢，先生？请注意，当

你全神贯注于一件玩具时,玩具就是纪律吗?

提问者:它带有一定的纪律。

克氏:我们再深入一点。暂且不论你是对是错。我全神贯注于这件玩具,它是一件很棒的玩具。这件玩具吸引了我。耶稣吸引了我,(笑了)那是另一件玩具。或者禅宗或这个或那个吸引了我,我认为我非常有秩序。当我的身外之物吸引我时,那东西就是秩序吗?我看到了那座大山。能看到一座漂亮的大山真是件好事。它的美令我心醉神迷,我完全被它吸引。如果不是这样,我就会回到原来的调皮、丑陋和愚钝之中。看看其中的危险性,先生。我不是在评判你的对错。

那么,什么是纪律?

提问者:当我学习时,似乎在进行一段对话,一个有来有往的过程。我看着某个东西,而后会涉及一些工作。我也许看着数学,我看到了一些东西,我看到了它的美,这时也会伴有一个深入探究的过程。

克氏:是的,先生,我能理解。

提问者:与因为某物的美而心醉神迷相比,这其中似乎有一种不同的性质。

克氏:的确如此。

你知道,孩子们必须遵守时间。你会如何帮助他们守时?在没有敬畏、没有顺应、没有服从、没有惩罚、

1 通过一种不同的教育方式,一个全新的人产生了

奖励等所有其他因素的情况下,你会如何让他们遵守时间?我们来谈谈实用的做法。你会如何去做?

提问者:首先自己必须遵守时间。

克氏:明白。你告诉这个男孩"要遵守时间",说了十次,而这十次他都没有遵守时间。你会如何培养他守时,你会如何帮助他愿意守时?

提问者:如果正在发生什么有趣的事情,那么……

克氏:不,不,那意味着是某些外在因素迫使他遵守时间。

提问者:不一定。如果这个人正在做一件有趣的事情,因为他真的很感兴趣……

克氏:不,等等。他也许不按时吃饭——你要如何让他守时?

提问者:第一件事似乎是要搞清他不守时的原因。

克氏:好的。继续深入,先生。看到困难。牢记:自由,没有权威,这样才能没有敬畏、没有惩罚;然而,他必须遵守时间,他必须愿意遵守时间,他必须有守时的观念。你要如何让他产生这种观念?

提问者:这不是意味着你要在某个特定的时间特定的地点做某事吗?你不仅是按照时钟运行。守时是有原因的。

克氏:先生,食物会在一点准备好。厨师已经把食

物准备好了。如果学生们不遵守时间,食物会变凉,厨师会感到厌烦。那么,你要如何让学生有这层考虑,并去遵守时间呢?

提问者:如果你对那个孩子很感兴趣,你想从他的视角看问题,你会和他一起寻找原因,发现问题。你必须认真观察,了解他出了什么问题。

克氏:我明白。这很简单、很明确。现在,我们更进一步。

提问者:你必须让他知道他的行为所产生的影响。

克氏:这是惩罚。

提问者:不,不,如果你说:"看那位厨师,她准备了这顿饭,这些都是她做的",这就不是惩罚。

克氏:是的,你和他交谈。你提前告诉他有关守时的问题。他一点必须到那里,你在班里讲了守时的问题,守时涉及什么:体贴,而不是服从,不要说:"如果你没到那里,食物会变质。"这是惩罚。或者你说:"如果你准时到那里,食物会更好吃。"这是奖励。你必须时常深入这些问题。这是我的观点。

那么,你要如何给一个混乱的孩子和混乱的自己带来秩序呢?作为一名老师,你知道,孩子的天性是服从,因为他会说:"你知道的比我多。你爱我,所以我会按照你说的去做。"你要如何创造纪律感、自由感和秩序感?

1 通过一种不同的教育方式,一个全新的人产生了

"创造":我使用了简单的说法。你要如何实现这点?因为自由绝对是必不可少的。然而,自由是指随心所欲吗?请牢记,先生,基督教一开始就说,你不能做你想做的事情;你要按照上帝的意愿行事;除了我们让你相信的事情以外,你不要相信任何事情。它变成了异教邪说、折磨拷问;以及所有后续的事情。所有这些都融入了人们的血液之中,融入了背景之中,不知不觉地掩埋在内心深处。恐惧。所以那时秩序意味着服从,而服从的反作用就是随心所欲、放任自如,它们已遍及全世界。

那么,你要如何在没有奖励和惩罚,没有服从和顺应,进而只有真正自由的情况下,教导、帮助孩子理解秩序、纪律等东西呢?极权专制主义者说这是不可能的。人类就是猴子,我们会训练他们,我们会利用恐惧、利用奖励,让他们顺从。那么,如果你是一位老师,如果你是认真的,你会如何帮忙引发这种自由感呢?因为这是绝对不可或缺的首要的东西。至少,我是这么认为的。

提问者: 在你和孩子讨论每个问题时,不要让他觉得自己低人一等,有人发现孩子……

克氏: 正是如此。这意味着在和他们交谈时,你没有把自己放在高高在上的位置上。你和他们在一个水平上。你明白我的意思;当然,你和他们并不在一个水平上,因为你比他们懂得多,但你建立了一种不存在等级

态度的关系，即：老师高高在上，学生卑微在下。

提问者：这也意味要人们要持有与之相同的对待学生的态度，并学着去有序地对待同事和家长。我们要在这个问题上共同努力。

克氏：当然，当然，我就是这个意思。这正是我开始所说的。它是我们的学校，不是你的学校或我的学校。我们一起来做这件事。这会带来巨大的生命力。如果我们大家能够齐心协力，它会充满活力。

提问者：我的工作对象是学龄前儿童，三岁到五六岁。与一个五岁的孩子谈论这些东西是非常危险的。他想要知道，通常也需要别人告诉他该做些什么。

克氏：我明白，我明白。可怜的小家伙！不要折磨他们了。他们对此一无所知。

提问者：他很有依赖性。我不是在贬低您所说的内容。

克氏：很对。你说的很对，先生。我知道这点。可怜的小家伙们。

提问者：对于年龄较小的孩子，你必须给他们做示范，你做任何事都必须奉行这种秩序。你不能走进教室说："我们待会儿再上数学，现在我们来谈谈自由。"这可不是一个好的方案。

克氏：当然，先生。

提问者：所以你在做任何事时，都要表现出你喜欢

1 通过一种不同的教育方式，一个全新的人产生了

做你正在做的事情。当你吃东西时，你要井然有序地吃。所以它必须渗透在你做的每一件事中。我认为要等孩子们长大一点，更能理解这些内容时，再去跟他们谈论相关的内容。

克氏：当然了，先生。这是对的。

提问者：现在我明白您所说的内容了。

克氏：任何事情都还没确定。如果我们要在这里创办一所学校，我们必须一起创办。虽然不需要完全清楚，但要或多或少地知道我们想要做什么。我们必须齐心协力、众志成城地创办这所学校，否则是做不成的。如果我们办学没有这种精神，它会变得像其他所有普通学校一样。

（停顿）我们要对谁负责？对社会？对家长？对一些意识形态？然而，对新的意识形态还是旧的意识形态呢？我们要对谁负责？责任难道不是意味着要对"挑战"做出恰当的回应吗？所谓的"挑战"即：通过一种不同的教育方式，形成一个全新的人。这一挑战正变得越来越明显，越来越必要。我认为我们应该对这一挑战负责。

提问者：所以不是对"谁"。

克氏：没错，正是如此。我不对任何人负责，只对正直、认真等东西负责。我甚至不会变得负责；我本就负责。

提问者：那么，那种正直和负责的状态包括所有人

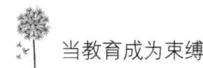

吗?我们显然要对孩子们负责。

克氏:当然,全都包括。所以我们觉得有责任创办这样一所学校吗?

提问者:我觉得就算在这里,也会有压力,社会的压力,还有我们自己内在的压力。我们不可避免地带来了压力,想要把孩子塑造、打造、营造成其他样子的倾向,以及假设我们知道那是什么样子。

克氏:那么,我们能够面对这一切吗:我们自己、我们的压力、我们的混乱、我们想要伤害和被伤害的欲望?我们能够看着这一切说:"是的,正因如此,我才觉得有责任去创造全新的、不同的人类"吗?

也许你会以不同的方式来思考或看待这个问题:我们能够一起孕育生命吗?因为一个人是无法生育的。(笑了)孕育生命必须要几个人一起。我们能够一起孕育欧佳谷的这所学校,并全权负责吗?

2

合作、权威与自由之间是什么关系?

现代教育制度发展至今,一个很难克服的弊端就是,孩子非常容易把教师和家长当作权威,无条件服从,但在未来某一天,不由自主地逆反。也可能从此变得唯唯诺诺,习惯接受指令,缺乏主见。如果老师和家长主动强化权威身份,这种弊端将会更加强烈地表现出来。

克里希那穆提（克氏）：我想我们应该讨论一下权威、自由与合作的问题。如果我们要在欧佳谷建立一所学校，现在看来建校的可能性非常大，同时这里也是一个包含学校在内的教育中心，我们不仅要一起想办法看看如何创办这所学校，还要看看如何创办这个教育中心。这是一个人的工作？还是需要共同努力？还是要围绕大家都敬仰进而接受的权威呢？

在这种学校中，哪些地方存在权威？学生和老师之间是什么关系？什么是合作？父母、学生和老师之间的合作。这种合作是基于一个准则、一种观念、一个理想，也就是权威吗？还是某种完全不同的合作？不以一个人、一种观念或一种意识形态的权威为基础，也不以某人自己的个人形象权威为基础。如果存在这样的权威，家长、学生和老师之间能有合作吗？我想讨论一下这个问题，如果可以的话，我希望你们也能和我一起讨论。

什么是合作？我们知道合作是大家一起做任何事的

2 合作、权威与自由之间是什么关系?

必要条件。合作是以奖励和惩罚为基础吗?还是围绕着某种意识形态或某个人?因为你相信那个人是对的,或是他有什么东西,所以你想和他合作,去实现他所相信的或维护的事情。这时他变成了权威。当人们讨论并深入探究合作、权威与自由的问题时,所有这些都会隐含其中。

在极权主义者的世界中,人们通过惩罚和奖励进行合作。在资本主义者的世界中,人们通过奖励、金钱、地位和声望进行合作——这并不意味着在极权主义者的世界中没有这些。在所有的宗教组织中,也都奉行着同样的原则:奖励和惩罚。人们围绕着奖励和惩罚,展开了合作与配合。

关于权威,我们有什么态度、什么感觉、什么行动?对我个人而言,任何形式的权威都是毒药,因为我知道权威所包含的内容:支配、偏袒、围绕某人形成一个团体、个人崇拜、伴随个人权威而来的感觉,权威人士和非权威人士之间的分裂。"权威"(authority)这个词的最初含义是作者、创始人、开启新事物的人。教会的权威是耶稣。那么我们与权威之间是什么关系呢?我想我们应该在开办学校之前,搞清这一点。

提问者: 既然我们知道权威会导致敬畏和依赖,我们还知道这种东西必须戒除,那我们可以和权威、和地位划清界限。

克氏：先生，这是非常困难的。它非常微妙，不是光说我们要和权威划清界限就能解决的。你有经验；你爬过山，你知道怎样爬山，怎样滑雪或怎样做其他的事情，你变成了我的权威。因为我不知道，所以我与你合作。知识的权威、经验的权威是一件事——医生、科学家等等——然而，如果我自己摆出权威的姿态，因为我知道，你不知道，那么立刻会有权威。

提问者：也许这个问题应该是：在什么范围内可以有专业知识的空间，在什么范围内不可以有专业知识的空间。

克氏：正是这样。我们来找找答案。据我所知，孩子、学生和成人都喜欢模仿，他们喜欢顺应你、适应你。他们爱你；你对他们很友好，不知不觉中，你变成了权威。可你说，"好吧，我不会行使权威的力量；我爱孩子们"。这是非常危险的说法，因为在美国，"爱"这个词涵盖了一切："我爱我的祖国"，所以我去打仗。它涵盖了一切，它是你躲避一切事情的保护伞。所以我们暂且先省掉"爱"这个词。很抱歉，我不是在批判美国，我只是说明事实。

我们要如何引发合作的感觉？不是"我爱你，但我不爱她。所以我不和她合作"。而后你们组成了一个团

2 合作、权威与自由之间是什么关系？

体；在学校中，如果存在一些团体，学校会开始分裂。那么，我们要如何继续理解权威与合作呢？

提问者：首先你们不是可以在没有任何权威性质的情况下公开交流想法吗？在你开始教学之前，简单地交流人们对所知事情的想法，可以吗？

克氏：交流想法可以带来合作吗？我们来看看。我们正在交流想法。这是合作？合作这个词本身是何含义？

提问者：配合协作，不是吗？

克氏：配合协作。没错，经营、工作、做、干、创造等所有的行为。那么，交流想法会带来合作吗？

提问者：不会，因为我有我的想法，你有你的想法，我们会争斗。

克氏：是的，完全正确。看法、想法、结论。你有你的结论。它们不会带来合作。你和我赞同某事，却与其他不赞同的人针锋相对。我正在设法搞清合作、一起做事、配合协作的意思。这里面隐含着什么？

提问者：你们最开始不是应该有一个共同的目标吗？

提问者：可是这样我们之间就没有什么关联了。我们有一个共同的目标，我们与这个目标相关，我们之间并没有什么关系。

克氏：没错，我们在为一个目标、一个目的而努力，因此，如果有人不是为了这个共同的目标和你一起努力，我们会把他们排除在外。这比合作要复杂得多、微妙得多。如果没有共同的目标,如果没有权威,如果没有供我们围绕并为之合作的意识形态,没有惩罚和奖励,我们能够共同合作吗?我们能做到吗?我们能够在没有惩罚和奖励,没有共同目标,没有意见、不做评判的情况

下，共同合作吗？我们能把这一切从我们身上消除吗？

提问者：克里希那，我们可以请你再深入讨论一下有关缺乏共同目标的问题吗？因为我们之前说的是我们都要参与一个教育中心或一所学校，或者无论怎么称呼它都好，这应该被定义为一个共同的目标吧。

克氏：不，不，暂时先把学校和教育中心放在一边。我想搞清合作的本质、性质、结构和内容。

提问者：您试图很肯定地定义某件事，所以您无法说明什么是合作。当你正在合作时，你是在合作。所以您只能谈一谈什么不是合作。

克氏：我已经谈过了。我说过目标或目的不会带来合作，意识形态不会带来合作，权威不会带来合作，个人崇拜不会带来合作。

提问者：否定这些会带来紧张。

克氏：这正是我想搞清楚的。当我使用"否定"这个词时，我理解了拥有一个目标的全部本质。那就是分裂；目标是思想基于过去的经验和知识所投射出来的东西。因为我理解了这一点，所以我可以说我否定它，没有任何阻力，没有峰回路转，我说它结束了。而今对于意识形态，我可以说同样的话吗？因为几个月来我们都认同那种意识形态，可忽然有人说他不喜欢那种意识形态了，于是我们分开了。围绕一个人也是如此。就算不比其他情况更傻，也是一样的傻。那么，我能否定这一切吗？不是在理论上否定，而是真的否定它们。

由此，我问自己：什么是合作？我处于一种真空的状态吗？还是我否定的那些东西毁掉了合作？我否定了虚伪，虚伪阻碍了合作。我能否定正在与"你"合作的"我"的全部感觉吗？我喜欢你，因此我会跟你合作。我不喜欢她，所以我不和她合作。这真是一个大难题，因为我们的成长，我们所接受的教育都是趋利避害的，在自己有利可图时，在心理上、财政上等不同领域有利可图时展开合作。如果无利可图，我不会跟你合作。我会去其他地方寻求合作。

提问者：那你不是在寻求合作。

克氏：没错。你真正想要的是个人的地位。

提问者：和满足。

克氏：你们把这个称为合作。

提问者：合作有任何动机吗？

克氏：我们说过，如果有动机，就不会有合作。动机就是目标、奖励或惩罚，就是意识形态、一个人或一群人。所以消除这一切就是要消除所有动机。

提问者：不是有合作的需求吗？

克氏："需求"这个词，你指的是什么？

提问者：我想如果我们要合作建立一个教育中心，

2 合作、权威与自由之间是什么关系？

我们不会作为单独的个体去做这件事。

克氏：我不想使用"需求"这个词。我们讨论的不是需要合作，我们讨论的是什么是合作。如果我理解了这一点，我会跟你合作。你无须告诉我，我会把我的生命投入其中；在共同合作的过程中，我们会把它创造出来。需求、金钱、所有的一切都来自于此。首先，你和我必须理解什么是合作。这点明确以后，我们甚至不用问需求。我们会说："是的，学校是必需的"。

提问者：您是说人们不是被任何事情推动，而是就这么合作了吗？

克氏：什么意思？

提问者：意思是这里没有冲突。

克氏：是的，先生。继续。再深入一点。

提问者：意思是人们之间没有争斗；没有微妙的竞争，没有猜忌，没有较劲。

克氏：先生，在一个家庭之中——父亲、母亲、孩子们——有合作吗？父亲外出赚钱；母亲照顾孩子们；做饭、洗涤等等。这是合作吗？

提问者：这要取决于父亲和母亲是否看透了合作的本质。

克氏：可是，他们看透了吗？父亲去了办公室。他有他的野心。他想要竞争等等。回到家里，母亲也有她自己的特性——支配、地位以及其他的一切。所以在丈夫和妻子之间，正在进行一场微妙的斗争。丈夫是独立的，妻子是独立的，孩子们是独立的。但他们都生活在同一所房子里。你能跟上吗？这是合作吗？

提问者：不，显然不是。

克氏：显然不是。当这些都不存在时，才是合作。我们不需要去定义它。

提问者：没有这一切冲突和欲望时，才会有合作。所以合作本身没有定义。

克氏：你通过否定得出了肯定。对吗？

提问者：是的。

克氏：你也是这样吗？

提问者：我说我是在合作的那一刻，我其实不是在合作。

克氏：不是，你已经否定了那些东西吗？这才是我的意思。

提问者：那么，唯一的真正考验是我的思想是否绝对平静。

克氏：不，不，我正在试图理解合作的本质和结构。合作的本质。我知道这些都不是；既不是家庭，也不是我们之前所讲的那些内容。于是我说：好吧，我要把这些从我的内心完全抹去，因为对我来说，合作是必不可

2 合作、权威与自由之间是什么关系?

少的。

提问者:您说您要把这些完全抹去,可是随后它们会回来。

克氏:啊!绝对不会。

提问者:绝对不会回来。

克氏:绝对不会。

提问者:您清楚地理解了合作,于是它们不再回来了。

克氏:是的。你绝对不会和危险的动物玩耍,对吗?

提问者:我明白了。当你有了如此清晰的理解时……

克氏:它们会消失。

提问者:当有了这种合作时,合作是在不同的水平上。

克氏:我们甚至不会说"水平"。我们首先否定了那些东西吗?

提问者:我们大部分人不会否定那些,尽管我们说我们否定了。

克氏:这要取决于你们。

提问者:您是说在某种状态下或某种程度上,合作不是我们外在的理想,合作其实现在就在我们当中,它会不断成长,继续存在下去。

克氏:当存在这种合作时,我们将会共同创造。

提问者:如果我没有搞错的话,如果这里没有这种合作,如果我们没有这种合作,我相信任何东西都创造

不出来。

克氏：不过，请等一下，先生，来看看困难。我也许还没有彻底否定那些东西。

提问者：是的。没错。

克氏：但我对这所学校非常感兴趣。随着我和你的合作，我开始发现我没有否定的东西。

提问者：它在这份关系中出现了。

克氏：当然。

提问者：摩擦是：我不喜欢你。

克氏：我把它抹去。

提问者：这正是我要说的。没错。

克氏：所以通过共同合作的行为，我开始学习。

提问者：从关系中。

克氏：当然，当然，从关系中。我发现在我和你的关系中，在共同合作的过程中，我没有否定理想和意识形态。我说："天啊，我体内还有毒药"，我非常仔细地审视它——结束了！所以并不是我一开始就必须把一切全部抹去，然后去合作建设学校，而是在建设学校的行动中，在关系中，我发现了所有这些事情。

提问者：确实如此。它们会在你的生活中出现。

克氏：为了一个目标而合作是相当明确的。我们有共同的目标，我们想建设一所学校，因此我们说："看在

2 合作、权威与自由之间是什么关系？

老天的份上,不要扰乱这个目标。不要扰乱我们当中的任何人。我们不要争斗。我们不要在背后恶意诽谤。我们不要猜忌,因为我们有共同的目标。"不知道你是否理解我说的话。

提问者:这也是一个变得狭隘的过程,不是吗?

克氏:正是如此。因为我们有共同的目标,我们会变得越来越不明智。因为那时我们会说:"把你的个人感受放到一边,要为了这个共同的目标牺牲自己、约束自己、收敛自己"。

提问者：所以我们牺牲了自己的个人生活……

克氏：不，不要用"个人"这个词。先生，我对用词非常谨慎。所以我们慢慢讲。

如果我们有一个共同的目标，这个目标会变得比合作重要得多。然而，我们必须一起建立一所学校。这不是目标，这是我们的共同兴趣，因为我们都想做这件事。这不是说我不会与你讨论。这不是说我要克制自己，不去表达我的感受，而是说我合作的感觉要比为了一个目标而努力强烈得多。我想知道我是否表达清楚了。我想这已经很清楚了。

提问者：当您谈论目标时，它是您的身外之物，您并不依赖它。

克氏：没错。也有这层意思。在我们彼此之间的关系中，在建立学校的过程中，我发现了阻碍合作的障碍。因为我们现在只关心合作，其他什么都不关心。那么，我们能够在建校的过程中这样合作吗？那时它会成为我们共同的责任：金钱、照管花园、食物、衣物等一切东西。我不知道。我是这么想的。这是一件事。

我们再来谈谈权威。"权威"这个词指的是发起人。它是从"作者"（author）这个词衍生出来的，作者即创始人，书的作者，想法的作者。权威有法律的权威、思想意识的权威、个人影响力的权威、经验的权威、知识

2 合作、权威与自由之间是什么关系？

的权威以及信仰的权威。基督教相信它的权威来自耶稣基督。耶稣是他们的决定性权威，而教皇则是代表，一级级往下，直到当地的牧师。还有各种意识形态的权威，代表人物有马克思等。那么，当我们共同合作建立这所学校时，在我们的关系中，什么地方存在权威？

提问者：任何地方都没有。

克氏：任何地方都没有，可是我们了解权威的全部意义吗？

提问者：权威和能力是有区别的。比如，关于建立学校，我也许在某些地方比你知道得多。这不是权威。如果我们真是在合作，我们可以谈及这些，我们可以深入剖析，加以应用。

克氏：也就是说，你把能力和地位区分开了。

提问者：我正在努力区分。

克氏：是的。你说得对。来看这个问题，一点一点慢慢来。有人说："我知道如何演奏小提琴。"这是能力。然而当我通过能力假设出一种地位、一种身份时，这种身份变成了权威，而不是能力。

提问者：人们开始对此做出回应。

克氏：对身份做出回应。

提问者：是的。

克氏：不是对能力。

提问者：是的，这会抑制他们自己的发展和他们自己的才能。

克氏：没错。人们藐视厨师，却尊敬有钱、有地位的人。

提问者：为什么会这样？

克氏：哦，因为他代表着我想成为的那个人。

提问者：我明白了。如果你想要钱，你会仰视他。

克氏：是的，我会投射出我的想象。如果一个人乘坐着劳斯莱斯轿车，或者有一定的地位，我想成为他那样，所以我尊敬他，但我不想成为一名厨师。那么，我们可以一直紧盯着能力，而不涉及地位吗？先生，你能理解那有多么困难吗？来看看吧。

提问者：每时每刻都有个声音试图闯进来，说："大家看，我做得多好"。这个隐约传来的声音传达给每个人，它开始了依赖、敬畏等整个过程。

克氏：当然，所以来看看这个问题。什么是尊敬？我尊敬能力。如果你能做某种不平凡的事情，我会为此尊敬你。对吗？然而我们尊敬的不是能力，而是地位。

提问者：可是，从现实意义来说，克里希那，当拥有不同能力、不同才能的一群人一起做一个项目时，合乎逻辑的情况是，这个团队通常会关注通晓某个木工技艺领域的人，或通晓这种烹饪、那种医疗的人。难道您

2 合作、权威与自由之间是什么关系？

不关注某个有专业技术的人吗？

克氏：我关注。我说过我尊敬能力。

提问者：然而，技术却与施行技术的人相关，不是作为一个人，而是作为一种能力。

克氏：这正是我要说的。我尊敬的是能力，不是能力人。

提问者：如果能力与人相关，权威立即会随之而来。

克氏：当然，这很自然。来看看我们从中学到了什么。这正是我想说明的。我们学到了能力和地位是两种不同的东西，当地位变得重要时，能力就会被忽略，因此地位得到了人们的尊敬，而不是能力。杰出的能力应该得到尊敬，不是地位。可如今这个世界尊敬的是地位，不是能力。如果我对杰出的能力心怀尊敬，我会不尊敬没有能力的人吗？

提问者：或者说不尊敬工作表现不好的人？

克氏：请深入一点，先生，这个问题非常有趣。

提问者：这时我想到了……

克氏：不，什么重要？杰出的能力？在能力方面不杰出？什么重要？

提问者：也许我们认为除了能力之外，杰出也很重要？

克氏：我来说明一下。我尊敬你，因为你拥有杰出的能力；你做任何事情都很优秀。而另一个人没有杰出的能力，所以我会不尊敬他吗？这里重要的是什么？我知道你很擅长你所做的事情，我知道他不擅长于他做的事情。所以我会尊敬你，而不尊敬他吗？

提问者：不会。

克氏：等等，先生，别说不会。来看看会发生什么。

提问者：如果这个人没有能力，有什么可尊敬的？

克氏：哦，你只尊敬能力吗？

提问者：不是，但尊敬能力是一回事，尊敬人又是另一回事。

克氏：所以，什么是重要的？尊敬。对吗？对于杰出的人和表现不好的人。你尊敬的是人，不是能力。你尊敬的是能力和人。

提问者：否则，又是出于目的的尊敬了。你尊敬是出于某种原因，而不是出于尊敬本身。

克氏：没错。我心怀尊敬，所以我尊敬人、尊敬环境、尊敬动物等等，但我不会对工作表现不好的人失敬。我心怀尊敬。我有尊敬之情。我更关心人，而不是能力。

因此，来看看发生了什么。人创造了身份地位。人们尊敬有地位的人，而不是能力，因此会失敬于没有地位的人。

提问者：如果我尊敬地位，我不会尊敬没有地位的人。

克氏：是的。

2　合作、权威与自由之间是什么关系？

提问者：可是，假设你有两个学生，其中一个学生表现优秀，另一个则不然，因为他很懒惰。你会尊敬他吗？

克氏：等一下。这里涉及了一些其他的东西。你是在拿一名学生和另一名学生做对比吗？学生 A 在班级里表现非常出色，而学生 B 则不然。通过拿 B 和 A 做对比，你是在毁掉 B。不是吗？

提问者：是的，也是在毁掉 A。

克氏：当然，你也会毁掉 A，但你首先会毁掉 B。

提问者：可你仍然有一个受人关注的学生，一个不受人关注的学生。

克氏：我们一个一个说。一次只说一件事。我们正在谈论权威。对吗？你接受卓越性的权威吗？因为某人非常擅长做某事？接受的话，有什么问题？然而，如果你把那个能力强的人塑造成了权威，而后会出现问题，对吗？

提问者：你得出了一个社会等级。

克氏：社会等级！

提问者：这个问题更侧重于赋予权威和地位，而不是接受权威和地位。

克氏：我们为什么要创造权威？因为我混乱、困惑，而你看上去非常有序，所以我尊敬你。我出于自己的混乱，创造了权威。来看看会发生什么。

提问者：这是你的责任，不是我的。

克氏：当然。我们在考虑权威时，学到了很多东西。

提问者：如果这名学生渴望成就某种能力，会有权威吗？

克氏：不会，假设你在教我数学。你反对我崇拜你，对吗？我是一名学生，因为你在教我，所以我依恋你。这种事时常发生。你会阻止这种事吗？因为这让你很受用。

提问者：是的，不过，我认为如果这名学生只有4岁……

克氏：我同意。这很必要。我们来看另一个问题，先生。我们现在就来说一说。

为了了解关系中的权威问题，人们必须有极强的自我意识。在学校的关系之中，我们是由我们自己组成的一个整体，因此我们必须非常敏锐地意识到我们不该创造身份地位，我们不该失敬于他人，我们只需尊敬能力，不要让自己成为某个学生的权威。所有这些需要极高的警觉性和自我意识。

那么，什么是自由？我们说过只有在没有目标，没有惩罚与奖励，没有意识形态的情况下，才会有合作。意识形态会变成权威。所以我们又问什么是权威。混乱

2　合作、权威与自由之间是什么关系？

的社会把政治家塑造成了权威；因为他们的混乱，政治家是混乱的。如果我井然有序，我才不会选择这些鸟人，因为他们是完全混乱的。然而，能力方面的权威显然是必不可少的。在木工手艺方面，你比我懂得多，然而，当你在木工能力之外创造了身份地位时，这种身份地位会变成权威，而不是能力变成了权威，因此你发挥能力效率低下，因为你想保住你的身份地位。当头脑不清楚时，会出现权威。混乱的社会创造了自己混乱的领导。墨索里尼、希特勒、斯大林都是实例。这非常清楚。那么，合作、权威与自由之间是什么关系呢？

提问者： 似乎是有权威的地方没有自由。

克氏： 没错。那么，你要实现哪个？自由？因此没有权威？没有权威是指深层意义上的没有权威。然而，当你说没有权威时，人们会说："好吧，我和你一样优秀，我不接受你是更好的木匠，我和你是一样好的木匠"。这太傻了。所有这些和自由之间是什么关系？没有权威的地方存在自由吗？没有合作的地方存在自由吗？显然不存在。所以这三者是相辅相成的，不是吗？当然。它们并不是独立的东西。它们都是相互关联的。

我们能创造这样一所学校吗？它一定是世界上最了不起的学校，因为还从未有过这样一所学校。（停顿）如果我们做到了，它将是某种原创的东西，我们将创造出

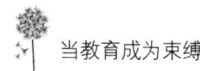

不同的人。

提问者：对于主张权威之中没有自由的人，你会说什么？比如当孩子们想要进来拿面包屑撒在地上的时候？

克氏：（笑了）我会和他们谈谈。要到什么年龄你才能与这些孩子们进行理智的交谈？

提问者：大约六七岁。

提问者：不。不可能。

提问者：可以的，只要你和他们交谈时，采用……

克氏：有些孩子可以，有些孩子不行。来继续探讨。你会发现，你会自己得出一些结论。对于提要求，我们的重点是应该和学生有口头的交流以及非口头的交流，对吗？你能跟6岁的男孩或女孩交流这些吗？

提问者：我对此深表怀疑，除非这个孩子非常成熟，而我从未遇到这种情况。

克氏：不。看在老天的份上，不要强迫孩子成熟。

提问者：因为他会把那些话视为说教。

克氏：是的，说教或无论什么东西。那么，要达到什么年龄，你才能和他们讨论、谈论这些内容？

提问者：如果真要讨论的话，只有在他们成熟之后。

克氏：你会怎么做呢？

提问者：我认为把每一个孩子当成独一无二的个体非常重要。有些孩子，你懂的。

2　合作、权威与自由之间是什么关系？

提问者：孩子们会卷入争斗，相互之间大打出手。

克氏：我问的是另一个不同的问题。你要如何防止一个孩子对另一个孩子大打出手？不是在事情发生之后。你是在事发之后进行处理；我是想预防事情发生。你要怎么办？这是一个难题。等等，我们待会儿再谈这个。如果你的孩子是6到12岁，你只能和他们谈论、讨论、解释、深入探讨12岁的内容，可谈的内容很少，对吗？继续，先生，深入拓展。我不想替你拓展。我已经做过了。

提问者：跟孩子解释清楚。坐下来，与孩子们进行讨论。

克氏：有些孩子可以与之进行讨论，另一些孩子可能不行。

提问者：可是就算小孩子也会看电视，他们会看《芝麻街》之类。你为什么不能用他们能够理解的方式进行解释？

克氏：我们来做做看，不过是一些更难一点的事情，正如我们之前所讨论的。在打架事发之前防止，比在事发之后阻止重要得多。

提问者：好的，孩子打架的其中一个原因是他觉得没有得到关心。

克氏：当然。

提问者：所以不用说，你要努力营造一种每个孩子

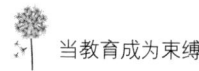

都深感自己得到关心的氛围,他说的话、他的感受都会得到重视,都会被深入探究。

提问者:你能通过表达孩子当前发生的状况,帮助孩子明白他们自身的暴力吗?你能向孩子展现出他自己的混乱等其他类似的东西吗?

克氏:先生,来看一下。他生活在一个暴力的世界中:电影、照片、报纸以及他读的书都充满了暴力。他被暴力所包围,而你却告诉他不要太暴力。

提问者:事实上,这不是取决于老师吗?

克氏:我们正在找寻、探索该怎么办。孩子被暴力所包围。他的整个环境充斥着暴力,他来学校时已经习惯于暴力了。

提问者:我们必须清楚我们讨论的是谁?我们讨论的是 5 岁到 10 岁的孩子吗?还是在讨论 10 岁以上正在历经青春期的孩子?我想这是不同的。

克氏:是的。学校将会是什么样呢?从 6 岁到 14 岁,还是仅 6 岁到 12 岁?

提问者:我们真的还没决定。

克氏:我不想我的孩子在与你共处了 4 年或 6 年之后突然被推向外面的世界,你说:"去本地的高中吧"。

3

这种学校是必需的，因为世界杂乱无章

们的学校和教育并非与外界隔绝，而是教育创造、培养了睿智的学生，那么他们将会去面对这个世界的混乱。他们必须面对世界的混乱，他们无法逃避。培养这种睿智是我们作为老师的工作。当孩子们感到绝对安全，没有困扰时，这种睿智才会出现。

克里希那穆提（克氏）：这种学校是必需的，因为世界杂乱无章，任何负责任的严肃认真的父母，如果他们爱孩子的话，都不愿也不会把孩子送去普通的学校，在那里他们只会成为炮灰、商业饲料或科学饲料。从人们的所闻、所读、所见中可知世界各地的孩子都处在真正的麻烦当中。我说的不是神经过敏的孩子，而是普通的孩子。他们真的很迷茫。有的孩子父母离婚了或分开了，这对他们是巨大的打击。他们没有安全感，进而从这种不安中产生了暴力和暴行。

我们将在欧佳谷这里创办一所学校。我们能够给孩子们营造一种没有困扰的感觉和环境吗？在这里，他们不会感到困扰，只会觉得受到保护，很安全，完全像在家里一样；在这里，他们的身心都会得到关心，他们的衣物、行为举止等一切都会得到关心，因此他们会感到安全、自由，会感到他们置身于没有困扰的世界之中，在这里没有什么一定要解决的问题。我们将会讨论这些

3 这种学校是必需的，因为世界杂乱无章

话的含义。如你们所知，我在印度、美国、欧洲，和很多孩子交谈过。他们真的很迷茫。你们一定已经注意到了。他们深受困扰。我前几天看到了一个男孩子的脸。他很年轻，我想大概八九岁的样子，他看上去是那么忧虑、那么不开心，你知道，他的脸表明了一切。

在我们的学校中，能有绝对的安全感吗？以便孩子觉得肉体上真的安全，受到了保护。在某种意义上，孩子们不喜欢受到保护。他们会说："我们要逃离你。"可我所说的"保护"实则指的是关心，不是强加独裁专断。还有自由。自由和权威不会走到一起，但它们需要一个特定的范围。所以，自由带有一种真实的、深层的心理保护之感。因为，当我和贝赞特博士（Dr Besant）在一起时，如果可以的话，他们会顾及那些方面。他们会给予极好的保护。不是那种荒唐的保护：依恋、支配、指引、告诉你干什么，不要干什么："你是个骗子，你不能这样，你必须这样、那样"，有人把这些视为保护，结果孩子会说："我不想和我的父母交谈。"孩子们受够了，他们说："我甚至不想见到他们"，慢慢地，孩子们的心里产生了巨大的困扰。

我们能一起创造这样一种氛围吗？这样一种真实的绝对的安全感？这时，自由的问题变成了信任。如果我信任你，我是自由的。如果我不信任你，我就不自由。

就算"信任"这个词也不对。我们能在师生之间建立一种暗含信任、友谊与关心的真实情感吗？我们一致认同：安全、自由吗？虽然没有引导，但他们还是需要引导的。虽然没有纪律，但他们需要秩序。我们不能抛给他们一些有待解决的问题，情感问题、心理问题。虽然他们以后会有自己的问题，但在10岁、12岁、15岁的年龄，他们为什么要承受问题呢？我认为问题之所以存在，是因为父母是丑恶的父母。孩子们听到了争吵、挑剔等丑恶的东西，他们不想长大后成为那个样子；然而，由于环境和社会所致，他们被迫变成了那个样子。所以，我们能提供一种让孩子没有心理困扰，甚至没有生理困扰的教育吗？我们能为他们提供极大的安全感吗？只有在他们真正信任你时，自由感才会出现，他们才会不怕你。我们能创造出这样的东西吗？

如果我们同意这些内容，那么下一个出现的难题是他们来到学校时已经受到了制约。他们已经受到了制约，无论是富人的制约、中产阶级的制约，还是穷人的制约。他们来时已经受到了宗教方面、政治方面、经济方面的制约。特别是在英国，阶级制约甚至体现在语言上，正确的发音方式、正确的用词、正确的语态。孩子们来校时已经受到了制约。我们能帮助他们打破制约，不要陷入另一种制约之中吗？这能通过教授任何学科来实现吗？

3 这种学校是必需的，因为世界杂乱无章

比如说，我是一个数学老师。我想教他们秩序，因为数学就是绝对的秩序。我想向他们传达这种秩序，帮他们理解秩序，因为他们来自一个无序的世界，并受到了那种无序的制约，因此他们会根据所受的制约做出反应，他们会说："这里是我可以为所欲为的地方，我可以大喊大叫，我可以做任何事情。"所以在教授数学的过程中，我的第一要务是把秩序引入他们的生活当中。我不会告诉他们这意味着什么，什么是井然有序的生活。他们甚至不会知道这是什么意思。那么，在教授数学，也就是秩序的过程中，我要如何向他们传达完整的内在秩序的必要性？作为数学家，这让我变得非常兴奋。这是

某种全新的东西。我要不断探索。所以，在5分钟、10分钟、15分钟的课程中，我不会谈论数学，我会谈论秩序和秩序的意义。

提问者：人们在所有学科中都可以这样做。

克氏：是的，所有学科都可以。我会向他们解释我和他们一样无序，我没有控制住无序。所以我们都一样。我们都要学习。这会使我和孩子们处在正确的关系之中。我不是上级；我也很混乱，这是事实。我，作为老师，也有混乱，也有争吵，也会生气、抽烟、酗酒等等。通过与你们交谈，我们双方都能学到什么是秩序，所以，我们是一伙的。这会带来一种新特性。他会畅所欲言道："听着，先生，你是什么意思？"那么，每个学科都可以这样吗？各个学科都可以实现吗？它打开了很多扇门，对吗？历史和科学。

提问者：它还破除了学科之间的界限。

克氏：没错。由于环境的影响会沾染上竞争感。满是争强好胜之心的父亲回到家，告诉妻子说："看，我得到了一份更好的工作。我比他强"。孩子吸收了这些话。在班级中，他与某个比自己强的人展开了竞争等等。我们可以不要等级之类的东西吗？我们可以消除竞争性的学习感和竞争性的驱动感吗？这些最终只会导致愤恨、妒忌和冷酷。所有这些都隐含其中。我们能创造这样一

3 这种学校是必需的,因为世界杂乱无章

所学校吗?如果不能,建校就没什么价值了。对吗?

提问者: 但我认为我们能够做到,先生。

克氏: 我也认为可以,否则我们不会讨论这个问题。如果我们做不到,创办学校就没什么价值了。只要我们想做,我们就能做到。我们将会找到办法和体系,我们将会创造出自己的教师队伍和自己的方式,让孩子们依靠他们的双手去做事。

提问者: 克里希那,我能代表一些不了解您的教义及其中启示的人,提出他们心中的疑问吗?比如,您之前在这次讨论中提到说,世界处在混乱之中,这是一个非常暴力、丑陋的世界。现在,很多人会说您可能正在描绘一幅孩子会受到过度保护的学校的画面,他走出学校进入这个可怕的世界后,完全无法应对。

克氏: 是的,我知道。这在印度和布洛克伍德的学

校中是个永恒的问题。我想关于这个问题的真实答案是：如果我们的教育创造、培养了睿智的学生，那么他们将会去面对这个世界的混乱。他们必须面对世界的混乱，他们无法逃避。培养这种睿智是我们作为老师的工作。当孩子们感到绝对安全，没有困扰时，这种睿智才会出现。没有困扰是指没有忧虑，没有我要跟妈妈去还是跟爸爸去的问题，不用担心我是否会被遗弃，是否会孤独——所有13岁时的丑事，以及过分强调性问题等等。睿智来自自由，来自让孩子尽情享受生活的感觉，去看看花儿、看看鸟儿、去感受事物。那种睿智将会去面对这种称为文明的腐朽之物。这是我们的工作。否则，建立一所学校有什么意义呢？把一个人的生命奉献给很多将会和其他孩子一样的孩子有什么意义呢？

如果我有一个儿子或女儿，他们会是我的牵挂。我不想让他们上普通的学校，或是上"高级的"学校，或是上利用视听机器授课的学校。我希望他们是人对人，而不是对着机器。如果我是家长，我会把所有这些都考虑到。如果有一个不是这样的学校，我会放弃购买凯迪拉克或林肯或其他东西，因为对这些孩子负责是我的责任。然而，可惜我想要凯迪拉克，想要去欧洲旅行，然后如果我还有能力，才是孩子的教育。（笑）我的愉悦排在首位，然后才是孩子们。我们说的是把孩子放在首位，

3 这种学校是必需的,因为世界杂乱无章

然后才是你那丑恶的欢娱。

提问者：先生，我想美国有一些家长是关心孩子的。

克氏：我个人认为这个领域已经成熟，因而才会有这种需求。如你们所知，我们已经在美国开办了其他的学校，但都失败了，因为有一些没有受过教育的人进入了这个领域。然而，如果我们有意去做，如果我们真正的严肃宗旨是打造这样的东西，打造可以供人们成长的"门户"、氛围、环境、机构，哦，我们可以做的事情太多了。我的老天！

提问者：先生，这不是意味着我们得从小孩子开始吗？

克氏：是的，当然，从小孩一直到——，我不知道，12岁或15岁的样子。

提问者：因此家长的加入才至关重要。

克氏：家长，不仅是孩子。非常对。所以无论谁将对学校负责，校长还是副校长，他们都要去会见父母，都要去找寻适合的孩子；尚未吸毒、尚未定性的孩子等等。

我不知道你们是否注意到了，经过学校时，孩子们是多么粗俗、老迈、无精打采。很奇怪，当孩子们进入青春期，他们的整个外貌有了变化，他们丢掉了那种天真无邪的品质，你知道，那种活泼、锐利，提问题清楚、直接的品质。我们能阻止这些品质的流失吗？我认为正确的教育可以阻止。

每天早晨，我会集合所有的老师、家长、孩子、园丁等所有人，我会和他们讨论观察。不是集中精神，而是观察。当他们走进房间时，我会说："坐下看看吧。看看窗外。看看树木，看看阳光，看看移动的树叶、鸟儿。观察、吸收每一样东西。做完这些之后，看看自己，观察自己。"我们会留出5分钟时间做这些，那时，有人会起身或朗诵或歌唱。一天开始时，感觉仿佛全世界都在你的体内。我们可以创造出非凡的人。

在他们准备看书时，我也会说："在你们拿起书本之前，看看你的周围。看看窗外，先把窗外的景物看个够，这样待会儿就不会看窗外了。看看吧。看看自己想看的一切。把它们尽收眼底。之后，当你们拿起书时，就别再往外看了。"这样，他们不会一边说"我必须集中精神"，一边在想要眺望窗外和可恶的书本之间挣扎纠结。（笑了）

如果我是老师，我会让学生们像花儿一样绽放。如果他们生气了，我会让他们生气。让怒气绽放，而不是转化为行动。也就是说，如果我生气了，我会让怒气在我的体内绽放，在怒气绽放的过程中，我会观察整个绽放过程。我不会否定它，我不会打断它，我不会说："这很丑、这很美、这很合理、应该这样、不应该这样。"我会让它绽放。在我观察怒气绽放的过程中，怒气消散了。

3 这种学校是必需的，因为世界杂乱无章

我想把这些告诉孩子们，这样他们的思想、身体和感觉都会变得敏感而鲜活。

来看看我们是否清楚了。我们想要一个孩子来了之后感觉完全像在家里一样的地方，在那里，他们有绝对的安全感。他们需要绝对的安全感，看到孩子们拥有安全感是我们作为老师的责任。这里面隐含着什么，我们可以讨论一下。你给他们一种他们可以信任你的感觉——有关他们的丑恶、他们的性事、他们的愤怒、他们的一切。他们可以信任你，这会在他们的关系中带来极大的自由感。这时，我们会看到他们没有困扰，没有家长、电影、其他孩子强加给他们的那些困扰。在这里，你给他们的感觉是：他们作为孩子来到了这里，是来学习的，不是来解决你那些可怕的问题的。你要让他们感觉像在家里一样，因为他们自己的家已经不再是家了。如果我们这样做，比如在教授数学的过程中，传达了如何观察、观赏等等，那时会由此引发不可思议的睿智，他们可以以此面对他们生活的这个世界。他们将会高兴地去面对这个世界，因为那时面对世界成了一个挑战，要去面对它，而不是逃避它。

提问者： 今天或改天，您想再谈谈教育中心吗？

克氏： 哦，是的，我们可以继续谈谈教育中心。先生，你知道教育中心是什么吗？我们正在努力获得土地。

我们想让那片土地的一部分成为学校，同时也是严肃认真之人可以聚集的地方。严肃认真之人指的是一起来讨论这些教义，讨论怎样让这些教义在其日常生活中运行的好人。这是教育中心要做的一件事情，因为这意味着教育较为年长的人。在你们教育年幼之人时，我们会在教育中心相互教育。这意味着人们都可以来这个地方。他们可以待在外面的汽车旅馆等地方，而其中一些人则作为来宾，和我们待在一起，共坐两三个星期。不是来接受款待，不是从你、从我、从其他人那里学习如何变得敏感，而是通过讨论、论述、检验、拓展、深入，让他们变得敏感等等。那里将会有图书馆；那里将会有录音带；那里将会有集会厅。那里是极好的用功场所，在某种意义上，你去那里不仅是自我娱乐，而且要真正专注于改变自己，带来不同的生活方式等等。在集会厅里，还将有一个更大的集会场所。那是留给孩子们的——我认为让孩子们在有一定参与感的情况下，听听年长之人在讨论什么非常重要。孩子们没有被排除在外，而是让他们参与其中，所以他们能够身临其境，看看年长之人如何看待生命，如何进行交谈，看看他们有多么困惑、多么苦涩、多么愤怒、多么怨恨。孩子们有了切身的体会之后才会开始理解。这个教育中心的意义是：全面教育、生理方面、心理方面等等。这就是我要说的！

4

只有宗教才能带来新文化

> "学校"意味着什么?回到它的本初意义。"学校"指的是休闲,指的是一个学院场所,一个存在讨论的地方。从这个方向出发,学校教育就是有足够的空闲,在老师的启发和引导下,学生可以从容地去观看、去思考、去辩论、去观察。所以,学校教育首先得有闲暇。闲暇的意思是:只有必要的安排和限制。

克里希那穆提（克氏）：如果我是家长，在我的儿子或女儿谈吐很有趣的年龄，我会愿意把他们送去寄宿学校待4个月，在这4个月中都见不到他们吗？如果我是一个严肃认真的家长，我会把这个年龄段的孩子留在家里，和他们玩耍，同他们交谈，陪伴着他们等等。那么，你们认为多大年龄才算足够大？既不会受到太多的制约，又不会太过依赖家庭？

提问者：如果我们不接收六七岁的孩子，在我看来，那时他们的父母很有可能会觉得该把孩子送到普通的公立学校去，我认为，这是很不幸的事情。

提问者：难道不可以从社区中招收足够的孩子吗？老师的孩子从6岁一年级开始，然后让较为年长的孩子，也许是11岁到14岁，成为住校生？错过招收年幼孩子的机会似乎很可惜。

克氏：先生，从另一方面来考虑。它会成为什么样的学校？你知道"学校"意味着什么？在拉丁语中，学校指的是休闲，指的是一个学院场所，一个存在讨论的地方。从这个方向出发，而不是从什么样的孩子出发。我们来谈谈。我们想要什么样的学校？请牢记休闲的概念——不是自我娱乐，而是有闲暇去观赏、去思考、去辩论、去观察。你必须有闲暇。如果你以那种观点来看待学校，如果是那种框架结构，你得到的是什么？一方面，这是一个教育中心，在这里休闲必不可少；否则人们无法进行讨论；他们会说："我必须立刻去我的办公室。"你必须有闲暇，有可以坐下来讨论、深入剖析、了解事物等等的时间。这些需要闲暇。因此，学校也是某种休闲的场所。那么，你会从什么年龄开始？忘掉本地人，

忘掉其他的一切，问问自己你会招收什么年龄的孩子？

提问者：我认为8岁到10岁之间的孩子足以脱离父母了，他们可以离开母亲，不必总处在监管之下。

克氏：是的，如果我们从8岁开始，再招少许6岁的孩子，最大到几岁呢？

你有什么经验吗，先生？你对加利福尼亚的各类学校都有过观察，你知道我们想要什么，也知道我们所有的背景，你认为最佳的开始年龄是几岁？

提问者：从孩子的角度来看，当他们能够适应我们刚才讨论的环境时，对孩子来说，这个时间越早越好。我认为制约非常重要，不是吗，克里希那？

克氏：是的，我同意。假设我听说了这样一所学校。我会以家长的身份来和你们交谈，我想看看你们是什么样的人。不是看你们的想法，而是看你们有什么，我对你们有何感觉，你们对我有何感觉。我会想要观察你们，看看你们是否真是好人，是否说一套做一套等等。我想和你们建立一些联系。所以我会和你们一起待几天或一个星期。而后我会下定决心，我知道其中涉及什么：金钱。我知道我必须在欧佳谷或凡吐拉市谋生，这样我的孩子将会留在这里，我有时想要待在他们身边等等。所以，当孩子们6岁或8岁时，你必须与他们的父母面谈。那么，谁来做这件事呢？谁来负责呢？谁负责会见父母，花费时间与精力向他们展示我们是什么样的人？谁会把这当成自己的责任，说这件事必须做好？

提问者： 这些需要校长和工作人员去做。

克氏： 是的。

先生们，我们要建立什么样的学校？这个问题比教学楼和地块重要得多。你们要创造什么样的东西？你们知道，我绝对不会称它为克氏学校。那听上去很有宗派感。是个相当肤浅而庸俗的理由。如果我们有场地，你们会从中创造出什么样的东西？因为是你们来负责。我会离开。并不是说我必不可少，但我会离开。第二年才会回来。我想学校如何开始非常重要。

提问者： 先生，我可否说出我的想法。我认为刚才所说的一些话已经发动了这所学校的推动力——有重视此事的父母，信任和爱的氛围；成为成人和孩子共同成长的地方，还有课程设置等等，所有这些事情都采用了完全不同的处理方式。

克氏： 是的，这些我了解。但我讲的是这个东西成长的土壤、土地。如果没有这片土壤，它不会生长。那么，我们要准备什么样的土壤呢？我们假设12月开学。你们现在还有8个月的时间，你们也有将要挖掘、培育的土壤。我说的土壤不是真正的土壤，而是我们所讲的宗教意义上的土壤。这种土壤能孕育出不同的人吗？它仅与社会有关，与土壤无关。它会是宗教土壤吗，我想应该是，否则你无法创造一种新文化。从历史角度来说，从我阅览的少许资料和我与历史学家的少许对话中可知，只有宗教才能带来新文化，因为它是新种子、新活力、新能量、新突破、新火苗。我们准备好创造那样的土壤了吗？我问的是你们将会准备什么样的土壤。我想这非常重要。你们会受到各种制裁，各种法律方面的东西等等，然而，你们大家准备好这种土壤了吗？作为校长，你们准备好了吗？很抱歉我说得这么直白。

提问者：我明白。

克氏：你们将会得到基金会的帮助；他们是背后的支持者。谁将为这场演出负责？你们有加引号的"宗教感"吗？以便创造某种突发的东西。而不仅仅是说："我们会试试，我们会做做看。我们会……"

你们知道，很不幸我的工作是外出讲演。如果我在这里，我知道我该怎么做。我知道我该做什么。如果它成为了我的法则、我的责任或无论什么东西，我会说"我知道如何创造它"，因为我对它有着强烈的渴望。正因如此，一切都会好起来的：金钱、土地、制裁等一切。因为这个东西好似喷发在即的喷泉。它终究会在某个地方喷发。你们能做得到吗？你们大家都能做得到吗？我们将要开创的东西必须坚守几百年——就像那烂陀（nalanda，古代中印度佛教最高学府和学术中心，2006年开始重建为综合性大学）大学一样。从本质上来说，他们曾是深层意义的宗教徒，然而他们变质了。那么，我们能在这里把事情做成吗？你们大家能把事情做成吗？我认为讨论这个问题要比讨论如何得到外部结构或许可等问题重要得多。那么，我们能够一起创造这个东西吗？（停顿）

我要告诉你们，先生们，这件事的本质是什么。我现在明白了一些事情。我们得经常见面，得有闲暇讨论这一切。你种下一颗种子；它必须有闲暇、阴凉、光照、雨水、阳光。这可以做到吗？也就是说，我们能有闲暇坐下来讨论这一切，直到完全吸收理解吗？

我们来到了这里，我们想开办一所学校，我们想从一开始就打好正确的基础。我们不能种下一颗橡树种子，

却期待长出一棵棕榈树。所以从一开始就必须正确无误。我们要如何安排大家一起会面、讨论，并有闲暇去观察、感受、创造呢？这很重要。这所学校很重要。所以，我们可以挖掘，我们可以深入土壤之中。

孩子们会来找你们，6岁或8岁或其他什么年龄段的男孩或女孩。生活在美国的他们，已经暴露在电影、暴力、报纸、杂志和漫画中了；小男孩已经想要刺激，想要枪支了。有一次，我在好莱坞，两个男孩分别站在道路的两端。一颗子弹与我擦身而过。我看向周围，这两个男孩都拿着枪，真枪，他们正在冲我笑。小男孩！我笑了，我们开了个玩笑，我走了过去。所以，把这些都考虑进去。他们来时生活中已经充满了刺激，他们想要刺激。所以，就算是6岁或8岁来校，他们已经受到了制约。在美国，这种情况变得越来越可怕。在印度，却有着不同的表现。印度那里讲究温顺服从："没人和你讲话时，不要抬起头。"那里真是太可怕了。这里却截然相反。他们来时带着一些制约。你要如何解放他们？你要如何让他们感受到？就算是8岁，也要让他们快乐，但不是那种类型的快乐。那根本不是快乐。你要如何解放他们？你要如何破除他们的制约？好啦。来谈谈这个问题吧，先生。

提问者：这所学校与外面的世界之间是什么关系？我

是说,这所学校是一个封闭的花园吗?怎样与外界交流?

克氏:我想一开始是封闭的花园,然后你可以让他们走出去。

提问者:如果你有这种保护性的、安全的环境,他们真正受到了保护,那么,日后任何事都有可能发生。我们在圣人谷(Rishi Valley)见过这种情况。

克氏:非常对,先生。

提问者:不过,一开始就和我们在一起的孩子,一路走下去绝不会忘记,他们是完全不同的人。

克氏:这正是耶稣会所做的事情。他们接收7岁的男孩和女孩。他们说:"给我一个7岁的男孩,此后他将永远都是耶稣会的信徒。"这是制约的一种形式,然而,我问的是:你要如何破除他们的制约,解放他们?你要如何给他们不同的快乐?

提问者:先生,在座的所有人、家长和老师,他们来这里的全部原因就是这种严肃认真,这种宗教感。它尚未实现。

克氏:它尚未实现。

提问者:它没在圣人谷实现。我不知道布洛克伍德的情形,但在圣人谷,我们没有做到。我不知道其他任何地方是否真的已经实现了。

克氏:忘掉那些地方。可以吗?

提问者：如果我们真能这么做，先生，那时所有其他的事情……

克氏：……都会跟上。那么，我们该怎么做呢，先生？你们知道，在古印度，我听说有一位宗师。不是廉价的那种。他结了婚，有了孩子，还有其他一些孩子也被送到他那里，和他一起生活。他们做什么事情都在一起。他是虔诚的宗教人士。他道德高尚。他做礼拜（印度教的一种宗教仪式），做古时人们做的那些事情。我是说，他在旧时的意义上，是个非常遵守纪律的人；对他来说，宗教生活是唯一的生活。他树立了一个榜样——如果我可以使用这个词的话，不过，这个榜样并未让学生迷恋不已。至少我是这么理解的。通常而言，榜样会毁掉孩子们。这所学校会是那样吗？我们大家把孩子带过来，我们和他们一起生活，他们和我们一起生活？

我相信在洛杉矶或其中的某个大城市中，人们正在尝试。我之前读到过，或是有人告诉过我。一群人买了一栋公寓。他们大约是30组带孩子的家庭，他们拆掉了一些墙，以便孩子们能够从一个房间到另一个房间，他们可以进入任何房间，整个公寓楼畅通无阻。每周有一个家庭负责洗衣、做饭、购物等杂事。下一周换另一个家庭来做。我听说这些孩子都超凡脱俗，因为他们见到了每一个人。老人和他们坐在一起，跟他们开玩笑，给他们讲故事，当他们感到无聊时，会跑去做其他事情。不过，这并不是宗教类的事情——他们酗酒，他们抽烟。但他们说看到这些孩子的脸真的不同寻常。

那么，我们可以一起创造这样的东西吗？我们有宗教的土壤，因此它是非常富饶的土壤，不是贫瘠的土壤。富饶得可以孕育任何东西。我们能做到吗？虽然我们现在不完全信奉宗教，但我们将会完全信奉宗教。如果给你一群小孩，你要如何让他们信奉宗教？不是迫使他们——说得简明扼要一点——不是通过树立榜样、制约他们等方法迫使他们信奉宗教。你要如何向他们展示或让他们感受到宗教的生活方式？

你们知道，这才是我想要的，如果我们有这样的财产，当我走进里面时，我会感到："我的天啊，这是一个神圣的地方。"因为它很神圣，我不会抽烟，我不会饮酒，我不能粗俗。这样的感觉存在于那里。这种感觉让我品行端正，我不是被逼无奈，而是因为那样的行为举止才是正确的。我能觉察到这一点。（笑了）我们大家能在这里实现这一点吗？

提问者： 我知道要有这种宗教精神，它是种子，它是生成并产生其他一切的基础。

克氏： 当然。确实如此。你必须有良好的、丰富的头脑。人们必须非常敏感，不是对自己的需求敏感，而是敏感。你必须有沉思的感觉，这里面隐含着一切。教育中心和学校将会提供必要的土壤。天啊，我愿意付出一切，待在这里，然而，我不能，我不可以。我们会把这件事做好的，先生们。现在我们继续。（停顿）

你们知道，先生们，据说在欧洲的黑暗时代，本笃会（Benedictine）的僧侣们掌握着光明。14世纪到16世纪是欧洲的文艺复兴时期。在那之前是黑暗的时代，他们掌握着知识的光辉。他们本该是启蒙之人。他们周围一片黑暗。我们得成为他们那样。因为这个世界很疯狂。

人们必须完全献身于此。很抱歉这样说。除了这件事，其他的一切都不重要。这就好比抚养一个婴儿：母亲要在两点、三点、四点起床，无论她睡着还是醒着，都是婴儿第一。我知道罗达（Radha）（克里希那穆提事业长期合作者拉嘉戈帕尔（Rajagopals）的女儿），不知要换多少尿片。这是彻底的奉献。母亲全身心地奉献其中。她甚至不是奉献；婴儿就在那里。她不会说："我奉献了自己。"人们必须有这种能力和动力——从一无所有中创造的能力。奉献意味着能力，也意味着学习，快速学习。学习的能力和引发合作精神的能力，要让人感到我们必须合作。这是我们要具备的非凡的东西。关心、亲情和爱，所有这些都隐含在其中。这是真正的奉献。如果我们有这种精神，这个地方将会充满笑声。

5

只有在没有权威的情况下，你才能了解你自己

无论是政府，还是家庭，只要先入为主地要把一个孩子教育成为他们希望的某个类型，就必然只侧重发展和强化孩子的某一个或几个方面，而不是整体。一旦这种做法成为日常，等于给孩子强加了一个框架，这就是权威制约。这种制约的最大特点——弊端就是，孩子被人为地割裂为一个个部分而不再是整体接受教育。

克里希那穆提（克氏）：我相信我们今天早晨将会一起讨论教育的问题。我们将在这里创办一所学校，我确信严肃认真的人都对这个问题很感兴趣。这不是我一个人的讲话；我们将对此展开对话，而不是讨论，我认为"讨论"这个词是指争论，通过争论找到正确的观点。而对话是指两个朋友之间的谈话，谈论双方真正感兴趣的东西。所以这是一场对话，而不是一场口头上的、智力上的、辩论式的交流。

我很好奇我们究竟为什么接受教育，如果我们要接受教育，为什么要去学校、专科学院和大学。接受教育意味着什么？人们为什么应该接受教育？是为了遵行现有社会的模式吗？获取足够的知识在社会中娴熟地应对，以谋取生计吗？接受教育意味着调整自己去适应社会并遵照社会的所有规定吗？我很确信教育已成为席卷世界的一个非常严肃的问题。在埃及和印度，当然还有中国，古代的人认为教育既不以社会为依据，也不仅仅以顺应

5 只有在没有权威的情况下,你才能了解你自己

社会规定为依据;他们关心的是思想文化,有了这种思想文化才能在社会中产生睿智的行为,而不是仅仅去顺应社会模式。抛开古人不谈,环顾周围看看这个极度混乱的世界,极权国家的大屠杀、恐吓战争、暴政、缺乏自由等等。在各个国家都有受过高等教育的人,他们技艺高超,反应娴熟,然而,教育带来了什么?教育,正统意义上的教育,创造了怎样的人?我们应该对此展开一场对话。

教育只是为了培养思想的一部分,头脑的一部分吗?比如记忆,获取知识并娴熟地利用那些知识。这是我们大多数人所接受的教育,我们受到了这种教育的制约。心理的其他部分,更为广义的人,被完全忽略了。

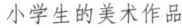
小学生的美术作品

有可能"教育"——我们把教育这个词加上引号——有可能教育整个人吗?包括明智的头脑,也就是说,要有清楚的、客观的思考能力,要能够有效地、不掺杂个人因素地加以应对,还要进入一个通常被称为精神的领域。再说一次,这是一个令人生疑的词汇。在学校、专科学院和大学中,有可能教育完整的人吗?而不是像我们现在所做得那样,只培养记忆,并凭借那些记忆在我们的工作中娴熟地加以应对。这种对记忆的培养的依靠在一定程度上是人类的退化,因为那样人会变得机械化,总在已知的领域中行动——已知是指积累经验,积累书中的大量文字,积累几个世纪以来的知识,并总在这个领域中活动。这不是我们人类生活中的退化因素吗?因为当你总是在已知的领域中活动时,也就是在知识领域中活动时,知识变成了传统,你的行为依据是各种科学家、哲学家、心理学家、神学家凭借其有说服力的方法设定的过去的模式。所以那时头脑会受到极大的制约,它没有了灵活性,慢慢地,就会像当今世界这样,在艺术、文学及彼此的人际关系中出现退化。这种退化必然会以战争、憎恨和敌对告终。如果你抛开个人因素来看待这个问题,不是作为美国人或欧洲人等等,而是作为一个人来面对这个问题,这确实是目前正在发生的情况。人们可以看到,总是用知识做出回应或总在知识领域中行动，其本质是毁灭性的。我们的学校、专科学院和大学用知识制约了我们的思想。看到这层真相之后，我们能做些什么？

提问者：你能给我们举几个文化退化的例子吗？

克氏：我不认为举例能有所帮助。你们都看到了，先生们。政治家很腐败。

提问者：可是，腐败一直存在着。

克氏：这是借口吗？

提问者：可是您看，退化意味着事情正在变得越来越糟。

克氏：不，退化这个词的意思不是处在卓越的至高点上，在思想中，在我们自己身上，在别人身上，都不存在最为卓越。当然，在道德上，在我们的关系点上，也不存在从最为卓越开始退化。并不是说在其他时代和其他历史时期不存在退化；文明的退步、毁灭是因为它们变得退化了。我们的问题是：我们全世界的教育是否能给予我们，帮助我们实现卓越的自己？是否能在道德上、思想上、反应上，在所有人类存在的结构中，实现卓越？

提问者：你觉得如果人们不想卓越，你能教导任何人实现那种状态吗？

克氏：你们为什么不想卓越。

提问者： 就算我们想要卓越，我们年复一年地来这里听这些谈话，但我们没有学会。

克氏： 你想要卓越。对此你会怎么做？我们想要一种关心整个人、整个个体的教育，不仅仅是培养一个人的某个部分，而是整个个体。没有这种教育。没有大学，没有学校，没有专科学院能够提供这种教育。当然，宗教不关心这个，它们关心的是教条、信仰、仪式和权威。那么，我们该怎么办？

提问者： 你能举一个真实的不道德的例子吗？

克氏： 哦，我的天啊！我不能。（笑了）你觉得为了你的祖国去杀人是对的吗？你认为那样是对的吗？哦，你知道。我不需要举例子！

提问者： 为什么不需要？

克氏： 因为举例子很危险。

提问者： 克里希那穆提先生，您刚才问我们能做些什么。我们能做的其中一件事就是提出相关的问题，我们可以提问老师的权威，我们可以提问我们为什么要做现在所做的这些事情，我们可以提问所有这些事情是如何制约我们的。通过提问，我们可以在这份关系中自己为自己找出答案。这就是我们做事的方法。

克氏： 不仅是这样，先生。如果你有一个儿子或女儿，他们备受关心，因为你一定很关心他们，你会怎么做？

5 只有在没有权威的情况下,你才能了解你自己

提问者:在谈论试图找寻自由之路的结构化教育的过程中,我不明白若不求助于方法论,如何能做到?

克氏:你想要一种方法。

提问者:我不想要方法,我想要弄明白的是,没有方法的话如何才能做到。

克氏:我们来搞清楚,先生。首先,在我们问怎么办之前,先来看看这个问题。全面地看待问题。我想如果我们能深入问题,不问该怎么办,那么问题本身会给出答案,我们将找到出路,而并非不全面地看待问题,完全卷入问题之中,完全专注于问题。你有问题,并不是说你一定要完全专注于它,这是你的问题。如果你是一位家长,要搞清该怎么办一定极其苦恼。而该怎么办,只有在我们理解了问题本身,理解了问题的深度,问题的严肃性、复杂性之后,才能解决。不考虑这些,只说给我们一个方法,这个方法也是退化的一部分。

提问者:看透问题的复杂性需要时间,孩子们正在成长,他们没有时间。

克氏:是的,先生,孩子们正在成长,但我们在这里有1个小时的时间。(笑了)我们可以在这一小时中深入这个问题,看透这个问题的深度。

提问者:这个问题让我两极分化。在我引导学生时,我历经了分裂,一方面努力引导他们去寻找自我,另一

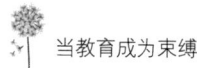

方面还得传播知识。我现在想要找寻的是这二者的融合。怎样才能做到呢？

克氏：这个两极分化是使用知识和脱离知识之间的分化。"艺术"这个词的意思是把生活中的一切摆在正确的位置上。首先请理解这个词的意思——把与生活有关的一切摆在正确的位置上。这就是"艺术"这个超凡而美丽的词汇的含义。获悉知识的地位，并由此学习自由，那时就不会有两极分化，不会有分裂了。

请回到教育的问题上。教育不是意味着学习吗？"学校"这个词指的是学习的地方。现在，这里有一所学校，我们正在学习。我在学习，你们也在学习。我们正在努力学习，或者说努力搞清"教育"这个词的深度。我们正在努力搞清一个人是否能完全脱离，同时又承托着我们所获取的知识，不让知识制约我们，不让知识束缚我们的思想和心灵。

正如人们在这个世界中所看到的那样，一个人无论走到哪里，知识成了束缚思想遵照某种行为模式的制约因素。如果我是一个共产主义者，那种思考和行为模式必然会带来某种不幸等等。这就是全世界正在发生的事情，这就是我们所谓的教育，无论是独裁者思想下的教育，还是民主集中制思想下的教育，还是资本主义社会下的教育，还是其他社会下的教育。只培养人类生活的

5 只有在没有权威的情况下，你才能了解你自己

某个特定部分，而忽视其余部分，必然会带来人类的退化。这点显而易见。所以我们的问题是，是否有可能从幼年时代开始教育人们，培养并教化整个内在外在都整的人。对我来说，这才是正确的教育。在我们的生活中，能够完整地、完全地、内外兼修地进行自我教育吗？

提问者： 您是说要打破限制，找寻有关教育的新东西，做一些新的事情，比如创造世界和平与我们内心的和平，创造世界中的爱与我们内心的爱，为了实现这些，我们必须建立一些研究计划。

克氏： 先生，我们这么说吧。你有一个儿子和一个女儿。你对这两个孩子有何打算，你会如何教育他们？你的责任是什么？你有任何责任感吗？如果你有责任感，也就是说有关心、关注和爱，你打算如何处置这些孩子？

提问者： 先生，我们谈论的是学校和教育。在我看来，任何学校，不论是克里希那穆提学校，还是其他任何学校，无论在意识形态上如何设立，都会变成权威和制约。

克氏： 是的，我们将会深入探讨权威和制约的问题，但你们还没准备好。

提问者： 先生，我有个女儿。我注意到了一件事，我受到了制约，我正在用我所受到的制约来制约她。我必须清楚我所受到的制约。我看透了这一点。在我看来，

我必须帮她理解其余的制约，理解她正身处其中的周围的整个社会。

克氏：先生，你是说，在学校中教育者和被教育者都受到了制约吗？

提问者：是的。

克氏：我在这场游戏中已有50年了，先生！（笑声）我帮忙在印度创建了几所学校。其中的一个主要问题就是如何面对受到制约的家长，以及同样受到制约的孩子们，因为他们和家长生活在一起，生活在同一个社会，同一个群体中；此外，老师也受到了制约。在一定层面上，他们受到的制约是，他们是有偏见的，他们是暴力的，他们是有民族主义的，是有阶级意识的——富人与穷人，印度教徒、穆斯林教徒、基督教徒。那么，不论在家里，还是在学校，如何处理这个问题是我们现在要讨论的问题。

你是老师，我是学生，是孩子。你意识到自己受到了制约，而我是个学生，并没有意识到这点，因为我还太年轻。我受到了电视、杂志、朋友们等等各种制约。现在，你们要如何处理这个问题？首先来看看，你们会如何处理这个问题？你受到了制约，学生受到了制约；你的孩子受到了制约，老师，教育工作者受到了制约。我们为此努力过，所以我要谈谈这个问题。在学校

5 只有在没有权威的情况下,你才能了解你自己

里,老师和学生都受到了制约。对于老师来说,等他破除制约可能要等到他走完余生了。所以问题是老师和学生在学校的师生关系中能否破除自身的制约。也就是说,在教授或传递某些数学知识等内容之前,先和学生讨论、探讨一下这个问题。比如:"我受到了制约,你们也受到了制约",然后,解释所有制约的复杂性,以及这些制约造成的后果。向他们展示场景,真实的场景,不是你幻想或想象的场景,而是人类受到制约的真实场景,比如,犹太教徒、穆斯林教徒等等,以及他们如何凌驾于彼此

的头上。我每天都会与学生们讨论这个问题,并就此展开一场对话,作为课堂作业的一部分。这时,老师开始破除自身的制约了,与此同时,学生们也一样。

提问者:可是,没有方法吗?

克氏:当然没有。怎么可能有方法?方法就是我们受到的制约。你明白了吗,先生?

提问者:是的,全明白了。

克氏:因此,教育变得活泼、睿智、积极而富有创造力。

提问者:就在这一时刻发生了。

克氏:所以老师和学生必须建立一种关系。这种关系不是说一个人知道,另一个人不知道。在老师和学生之间建立正确的关系是必不可少的。老师对此负有责任,应致力于此事。父亲没有这种责任感,因为他得去上班,他没有时间,母亲也没有时间。所以,老师,教育工作者,变得极其重要。老师是社会中最高级的职业,而不是像现在这样,是最低级的职业。你们和我都明白这一点。现在,我们怎么办?

提问者:克里希那穆提,您刚才说父亲和母亲都没有时间,因为他们整天都得工作;父亲必须去上班。这是个大问题,我不想您略过这个问题,因为这个问题困扰着很多有孩子的人。我们周围没有多少教育工作者,我们不得不一边工作,一边照顾孩子,所以最终我们把孩子送到了学校。这是个大问题。

克氏:我知道这是个问题。所以我们试图搞清如何处理所有这些问题,比如学校是否应该是寄宿制,同时又不与世隔绝。我们无法在一个小时之内解决整个问题。我们做不到。然而,如果你们感兴趣,我也感兴趣,我们可以一起创造这个东西。

提问者:我已经为自己找出了一个答案,因为我相信我要对我的三个孩子负责。我每隔三四年会带他们去不同的环境、不同的文化中,我会和他们一起感受那些文化。所以我很释怀,他们改变了。我和他们一起经历了改变,可是我发现我必须做很多旅行!

克氏:先生,这并不解决问题。你没有抓住重点。向你的孩子们展示不同的文化,不同的社会,不同的思考方式,能够解决问题吗?

提问者:不,是他们所经历的见闻,融入环境之中并转化为内在的教育,解决了这个问题。您刚才提出了有关在我们的生活中进行内外兼修的自我教育的可能性的问题,我在旅行中,在文化中,在不同的宗教信仰和生活方式中,找到了外在的教育。

克氏:我了解了,先生。

提问者:而内在教育在于我们如何把这些与我们自

己联系起来，或是自己对自己的内在教育。

克氏：我了解了，先生，可这是一个更为广泛而深刻的问题，因为我们也许不能去旅行。我们也许生活在一个村子里，一个小镇里，我们受到了限制，我们没有太多钱。这不是人们已经解决的一个偶发的问题，这是一个群体性的问题，这是我们每个人都要面对的问题。我们说我们会对自己的孩子负责，但我对此表示怀疑。

提问者：责任是引导孩子们，并和他们一起学习。

克氏：女士，你说你是负责任的，对吗？责任意味着什么？

提问者：只有当你去爱的时候，你才是负责任的，这是唯一的责任。

克氏："责任"这个词意味着是什么？请慢点讲这个问题。

提问者：对正在发生的事情做出直接反应的能力。

克氏：也就是，要足够充分。换句话说，如果你的反应不够充分，这里是存在矛盾的。责任意味着对孩子和家长的问题做出充分的回应。如果你觉得对孩子绝对、完全负有责任，你会爱孩子，你会想要教育他不要被杀或杀人，然而，你没有。我们不要太过深入，因为这是一个很大的问题。

所以，我们的问题是：你们为什么想让孩子接受教

5 只有在没有权威的情况下,你才能了解你自己

育?你们为什么接受教育?为了什么?你们上过学、读过专科学院,如果幸运的话,还读过大学,为了什么?

提问者: 为了摆脱制约。(笑声)

克氏: 你们受到了更深的制约,对吗?在现有的所有专科学院,所有大学和所有学校之中,你们都受到了制约。所以,教育必须有不同的意义,对吗?也就是说,教育意味着培养完整的个体,外在方面、智力方面、情感方面、感知方面,同时还要培养能够看透事实和真相的思想。所有这些都隐含在教育之中。我们说目前没有任何学校、专科学院或大学在做这件事。它们也许有某些方面的硕士学位,但它们与真正的教育无关,因为它会导致极大的危险。

提问者: 克里希那穆提,您讲了教育完整个体的可能性。在教育完整个体的过程中,外在的知识能够自动转化为各种内在的领悟吗?或者说,各种内在的领悟能够自动转化为各种外在的知识吗?

克氏:(笑了)你知道这是政协委员和瑜伽行者之间一直存在的斗争。政协委员主张关注外在的一切,把外在的一切安排妥当,通过暴政控制、征服外在的一切;首先安排好外在的一切,然后如果有时间,再思考内在的问题。而瑜伽行者则主张不必因外在而烦恼,要从内在入手——他会消失在森林中或加入某个团体。古往今

来，这场斗争仍在继续。我们认为这两种说法都不对，它是个整体；它是完整的，不要把整体分裂为外在和内在。

提问者：您打算建一所学校，您说美国所有的高校教的都不对，所以我来做正确的教育。

克氏：哦，不，（笑了）我没那么说，先生。我的天啊，我可没那么说。

提问者：您说的是通过承认我们不知道某些东西，以此开始学习相关内容。

克氏：先生，听着，要学习物理，我必须去找懂物理的科学家。要学习数学，我必须去找懂数学的人。我学了，所以那些变成了我的知识。现在请仔细听我说。有任何人能教你有关内心的知识吗？只有在没有权威的情况下，你才能了解你自己。知识的权威一定会作为科学家出现。他把他知道的东西传授给你，所以他成了权威。如果你生病了，一位好医生会告诉你该怎么办，因为他学过医学，有过实践经验，年复一年，他积累了知识，他变成了权威。如果他是一位好医生，他会与你讨论病情，他会告诉你该怎么办，你会照做。那么，有任何权威能帮你理解你自己的内心吗？如果有这样的权威，你仅仅是遵照了权威，你并不了解你自己。这很简单！所以我说，知识方面的权威有其一席之地，但在任何情况下，都不会存在精神方面的权威。精神导师、牧师、

5 只有在没有权威的情况下，你才能了解你自己

教堂、寺庙等所有东西都是以权威为基础。这是思想退化的因素之一。我们把有关数学的外在权威带入了内在的权威。

提问者：从已经自由的人那里学习非常重要，不是学习怎样才能自由，而是学习自由的重要性。

克氏：好的，先生，稍等，来深入探讨一下。假设你已经自由了，我想跟你学习这种自由。

提问者：不，我无法满足你。

克氏：不，那我该怎么办？

提问者：我们可以一起讨论自由的重要性。

克氏：我们现在正在探讨！（笑了）

提问者：好的。如果我自由了，那么，讨论自由很有意义，然而，如果我没有自由，你也没有自由，那么，我们双方如何才能一起获得自由？

克氏：双方都要意识到我们不自由。（笑声）当然，先生。要深入这个问题，展开对话，在我们的关系中，在我们的行为活动等一切活动中，讨论它，观察它，找出答案。

提问者：通过关注自身受到的制约，保持诚实的探究，不要退化，难道这不需要非凡的力量吗？

克氏：需要，先生，确实需要。那么，你要如何获取这种力量？

提问者：借助想要自由的欲望。

克氏：你想搞清楚该怎么做吗？

提问者：是的，怎么做？

克氏：当你问怎么做的时候，你想要的是一种方法，这样，你又回到了退化的思考过程。然而，如果不存在"怎么做"，你会怎样？这才是核心问题，请稍微注意一下这点。

提问者：不久之前，我们谈论了关系，这与学习有关。人们如何在教育环境中实现变动的关系呢？

克氏：首先，先生，我们要明确一点。学习数学是有方法的。如果我想学习数学，会有明确的方法。这很简单。那么，我能通过某种方法了解自我吗？谁来给我这个方法？精神导师、心理学家、分析师、牧师？遵照这种方法能帮助我了解自我吗？还是说，我必须观察自己；我必须自由地观察自己？也就是说，我必须摆脱一切权威，去观察自己。因此，我必须摆脱精神导师、牧师、心理学家等所有人，并学着观察自己。这会给我极大的力量，因为我去除了所有肤浅的、不必要的、有害的障碍。

提问者：所以您认为如果你真有足够的渴望，你不必问怎么做？

克氏：先生，再说一遍，你为什么不明白？你知道，

5 只有在没有权威的情况下，你才能了解你自己

小学生的美术作品

如果你有那种强烈的渴望，你会明白的。你为什么不明白？你一直在沉睡。

提问者：如果你想获取有关自我的知识，你必须有一些能获取到自我知识的想法。因此你需要某种体验，至少能将你引向那个方向。

克氏：所以你吸食毒品。

提问者：好吧，我们假设你吸毒，你得到了那种体验，你以某种方式观察着自己。

克氏：不，先生。你为什么想要吸毒？这个世界发生了什么？年轻人正在吸毒，就像老人酗酒、抽烟一样，

年轻人选择了不同种类的毒品，因为他们说他们想要一种不同的体验来帮助他们体会现实，解放思想，还有随之而来的一切废话。你知道"体验"这个词意味着什么吗？

提问者：经过经历。

克氏：这个词有经过经历的意思，但它还有其他的意思。体验意味着认知，对吗？来一起思考一下，先生。我体验了一些东西。我怎么知道我体验了什么？只有在我认识它之后，我才会知道。认知意味着我已经体验过了。当然。因此，当我通过毒品来体验时，我体验的是一些我已经体验过的东西，这是我受到制约的投射。

提问者：你吸毒时发生了什么？它扰乱了你所受到的制约，它严重扰乱了你的自我结构，你不再是一直以来的你，你可以通过一对不同的眼睛来看待这个世界。

克氏：所以你吸食毒品，大麻或麦角酸二乙酰胺致幻剂（LSD）或一些其他毒品，毒品的种类如此之多，它暂时扰乱、打破了你的自我结构——这是他的原话——那一刻，你看到的东西完全不同了。一段时间之后，药效消失，你又开始吸毒。

提问者：如果你把这种体验融入你的日常意识之中，不再需要毒品，会怎样？

克氏：也就是说，你把来自毒品的体验融入日常生

5 只有在没有权威的情况下，你才能了解你自己

活当中。你们都太天真了，很遗憾！

提问者：先生……

克氏：等等，让我把这个问题讲完，先生。你要把一些你曾有过的已经消亡的体验融合、囊括到你鲜活的日常生活当中。

提问者：我的意思是……

克氏：好的，先生，这很简单。我通过毒品，通过催眠，通过各种方式，体验了某种自由。那种体验变成了回忆，而我却想要依据那些回忆去生活，或者把那些东西融合到我的日常生活当中。将消亡的东西和鲜活的东西放在一起，你如何能做到！这就是我一直在说的内容，即：我们一直在已知的领域中运行，从未跳脱出来。这是深度退化的其中一个因素。无论你喜欢与否，这是事实。

提问者：先生，您有一次不是说过：要战胜一个人的生活环境需要借助天才的力量吗？

克氏：我不知道我是否说过，但这不重要。

提问者：假设老人看重的问题是我们是否能教育完整的个体，会这样？

克氏：我知道了，先生，这正是我要说的。这位先生问了一个我们之前问过的问题：我们要如何教育完整的个体？在学校、在专科学院、在大学、在家里、在我

们的亲密关系中，如何实现这一点？请问，我们可以暂时坚持这件事吗？

提问者：我认为关键是，人们不可能作为一个完整的个体接受教育。也许学校能教授数学或历史或其他课程，但一个人必须依靠自己的自我感悟来学习，我认为自我感悟不是可以教会的东西。

提问者：根据我的理解，这次的会议首先就正确的教育展开了对话，然后我们决定深入探讨的方式首先是来看看这个问题，随后我们从这个问题中看到，老师、学生和家长都受到了制约是其中的一个问题。在这场对话中产生的另一个问题似乎是各个方面的权威。这就是我们目前为止的进展。

克氏：没错，先生。

提问者：先生，这引出了我想讨论的一个要点：我们为什么要把我们的教育环境和所谓的现实环境区分开来？换句话说，我们为什么要创办脱离现实生活的学校？

克氏：现实生活是这所学校的一部分，对吗？

提问者：但在大多数情况下并不是这样，先生。在大多数情况下，你去走走看看，你会听到一些人在谈论一些事，这些事与现实生活无关，它们真的没有牵涉到现实生活。

5 只有在没有权威的情况下,你才能了解你自己

克氏:当然,先生。

在这场对话中,我们谈到了权威,谈到了解放自己和学生,我们不仅谈到了家长和孩子之间的关系,还谈到了教育者和被教育者之间的关系。对吗,先生?我们要暂时把握住这些,看看完整的教育包含什么吗?那就是,权威否定了自由,但医生的权威不会摧毁自由。要学习,一定要有自由;这无疑是学习的本质。自由,意味着什么?在学校,在家里,我们试图学习完整性,试图培养完整的个体,哪些地方存在自由和权威?请听这些内容。

提问者:所以其中的一个问题是,要在正确的教育中建立正确的……

克氏:理解。对学生和教育工作者而言,要理解什么地方有权威,什么地方有自由。这二者能否共存?

提问者:这才是问题。

克氏:我们进行了研究,我们对此展开了对话。自由意味着什么?它意味着每个学生都可以随心所欲吗?来吧,先生。每个学生都想这样,因为他一直受着这种影响:这个宽容的社会,做你想做的事情,个性表现等等。他来学校时带着这种影响,他会说:"我要做我想做的事情。否则,我会变得暴力,肆意破坏",你们知道后面会怎样。那么,自由意味着随心所欲吗?你可以想做

什么做什么吗？你想做什么呢？自由表述你受到的制约吗？（笑声）来谈谈吧，先生，深入探讨一下，设想一下这些问题。

提问者：自由必须存在于也确实存在于关系之中。

克氏：女士，请听第一个要点。自由绝对不可缺少，自由是人类的需求，历来如此。自由意味着你可以做一个随心所欲的人吗？这正是你们目前正在做的事情，对吗，每个人都在做自己想做的事。

提问者："有益的制约"，这种东西存在吗？

克氏：不，所有的制约——你们知道，制约就是制约，没有有益无益。也许你觉得某种制约有益，但我却觉得它有害。所以，我们所说的制约，没有什么好与更好之分。你们知道法国习语："'更好'是'好'的敌人"吗？好的，我们继续。来看看这个，请注意。自由意味着每个人都可以随心所欲吗？来深入探讨一下，先生，不要回答我，从你自身来看待这个问题。作为人类，自由意味着你想做什么做什么吗？自由意味着选择吗？我们说自由包含着选择，对吗？允许有选择这个、那个或其他东西的能力。而选择包含着困惑。我不知道，所以我选择；如果我很明确，不会存在选择。所以，由于不明确，我做了选择，进而否定了自由。自由意味着要依附这个、那个或其他的东西吗？也就是选择——你能明白吗，先

5 只有在没有权威的情况下，你才能了解你自己

生？我是印度教徒，我变成了天主教徒，因为我可以自由选择！

提问者：可是，如果你是印度教徒，你坚持印度教，那么你会受到印度教的制约。

克氏：我不想成为印度教徒。我不是印度教徒或天主教徒。我只是给你举个例子。

提问者：我知道。我想说的是如果你坚持印度教，那一定是因为你所受的制约。

克氏：当然。

提问者：就好像它会制约你去自由选择成为天主教徒。

克氏：先生，我说的是，我生为印度人，而我可以自由选择，所以我说："我不会成为印度教徒，我会成为天主教徒。"我想这就是选择的自由。我从一种制约走向了另一种制约。

提问者：自由不包含看通透吗？

克氏：我们现在正要看通透，夫人，我们要让画面更加清晰。看在老天的份上，来看一下。自由意味着你可以随心所欲吗？自由意味着选择吗？自由意味着表现自我，满足自我吗？做你想做的事情："我想满足自我"。你想满足的是什么？你是受到制约的实体，你想根据你所受到的制约满足自我。那不是满足自我，你只是在重复模式。这一切意味着自由吗？显然不是。所以，作为

教育工作者的你，作为家长的你，能够摆脱这些制约吗？而不仅仅是口头上说说而已。

提问者：这真是个问题。

克氏：不是问题。如果你看透了这点，先生，你就不会觉得是问题了。

提问者：我看透这点已经5年了，先生，我看透了这点，但我无法坚持下去。

克氏：啊，先生，等一下，你无法坚持下去。我来告诉你，等等，深入探讨一下。

提问者：意识到真相——我了解。我也这么做了。集中注意力，意识到粗心疏忽。

克氏：我要告诉你一些东西，先生。一旦你看到这些东西，你很快就会明白的。当你看到一条蛇的时候，你会立即做出反应。这种反应你无须坚持下去。无论何时你遇到蛇，都会有同样的反应——为什么？因为你的家长、社会、书籍都说过蛇很危险。这就是你所受到的制约。这种制约说蛇很危险，因此你会做出反应。这种制约是你的持续性因素。对吗？你能跟上我所说的内容吗，先生？

提问者：您可以重复一遍吗？

克氏：哦，不。我需要重复一遍吗？先生，你提了一个问题，如何坚持你已经领悟的东西。你感知到一条

5 只有在没有权威的情况下，你才能了解你自己

蛇，你做出了反应。这种反应是你的制约性反应。这种制约来自于过去的知识和经验。父母曾告诉过你触摸蛇是很危险的事情，或者你从书里看到过，所以你受到了制约。而这种制约是持续性的因素，它告诉你行动起来，快跑，别碰蛇。那么，当你发现这一切都不是自由的时候，会有持续性的因素吗？你明白了吗，先生？不明白？我发现自由不是选择。自由不是做我想做的事情。自由不是满足自我。

提问者：自由是去观察。

克氏：等等。自由不是权威。对吗？我看透了这点。不是口头上说说，不是心智上理解，而是把它作为真相，因为我有洞察力。我能洞悉真相：只要内心存在权威，就不会有自由。我把真相看得非常清楚：要求满足自我其实是对我所受到的制约的满足，这并不是自由。对吗，先生？我看透了这个真相，看到了它的本质是持续性因素。我不必再有任何其他因素了。明白了吗？

提问者：您刚才不是重复了一遍吗？

克氏：当然，如果你没有注意，就像你刚才那样，那么……我不得不重复十次。如果你注意了，你会明白，这个问题到此结束。你不会说"好吧，我必须再注意一次"，你会看到它的本质。当你看到一个瓶子标着有毒，结束了。你看到了它，你不会把它拿走。

所以，完整地教育整个个体意味着，这种教育必须有彻底的自由，不是人们所谓的那种自由。其次，在老师、教育工作者已经真正看透真相的学校中能有这种自由吗？以便帮助学生能够在交谈中，在餐桌旁看透真相。老师能够时刻指出真相，并进行讨论。进而从这种自由中产生秩序。你明白了吗，先生？

提问者： 我们将其联系为鼓励发现。

克氏： 我们刚才就是在鼓励发现。（笑了）

提问者： 关于完整的教育，您指的是什么？

克氏： 我正在解释，先生。看、听、学习数学、学习什么是自由。对吗，先生？所以完整的教育隐含着学习的艺术，把一切置于正确的位置上：把知识摆在正确的位置上。如果我不知道怎样开车，我学习。我必须知道数学，它是生活结构的一部分。数学意味着秩序。数学的最高形式是生活中的最高秩序，不仅仅是学习一些三角法等其余的东西。完整的教育包括学习有关权威的东西。还有学习生命中是否有神圣的东西，不是由思想创造的神圣，而是生命中真正的神圣。不是由牧师、雕像和信仰创造的东西，那一点都不神圣，那是思想的产物。所有这些都是在培养完整的个体。

提问者： 先生，我们能记住这不取决于某个特定的场所吗？

5 只有在没有权威的情况下,你才能了解你自己

克氏:在这个美丽的地方创办一所学校真是太棒了,我很高兴我们有这样一所学校。我们将在这里创办一所学校,我们正在为之而努力,我们必须有钱,有相应的其他条件。这是个美丽的地方,我们将要创办学校,但这所学校也可以办在其他地方。

提问者:您所说的教育是有来有往吗?

克氏:当然,先生。

提问者:先生,我不确定这完全相关,但我真心希望如此。我曾听你说过,解放思想是一种不同的行为。这里要有两种不同的行为,一种是你部分困惑,一种是你完全困惑。两种不同的行为。

克氏:不,先生。不,没有部分困惑和完全困惑。要么是困惑,要么是不惑,没有部分困惑。

提问者:克里希那穆提先生,就我们之前所讨论的内容,父母应置于何地?

克氏:我来告诉你。先生,我们想让家长成为学校的一部分,家长必须对我们所学的、所做的东西感兴趣,否则就是不负责任的家长。就好像把孩子送走,摆脱了孩子一样。我们要说的是:家长、老师和学生都与这件事息息相关。

提问者:不论社会制约是对是错?

克氏:当然。如果你去印度,这里的人们认为很正

常的某些事情，在那里会被视为非常不好的事情。那是他们的制约，这是你们的制约。但好的事情是不受制约的。并不是说好的事情在这里是好事，在那里是坏事；好事在任何地方都是好事。这种好，是真好，是绽放的好，是美好，是思想所不及的。思想无法创造美好。

6

我们能够创造一个完全无为的环境吗？

如果尽量避免让孩子首先感觉到哪里有限制，孩子才能保持并暴露他天生的敏感气质。一旦孩子自由舒展地敏感起来，对外界做出各种反应，我们才得以看到孩子本来的样子，会发现孩子的真实人格，会看到太多让我们惊奇的天赋。

安全感的含义是，孩子满不在乎地发展着自己。他知道我们不会批评他，不会篡改他，不会威胁他，不会惩罚他。

克里希那穆提（克氏）： 我一直在阅读一些有关鲸鱼和大象的东西，特别是鲸鱼。它们有绝对的安全感和防范意识。没有什么能够袭击它们，摧毁它们。后来人类出现了，人类正在摧毁它们。这只是一个讨论，我没有影射任何东西。如果有绝对的安全感，我指的是安全感这个词的深层含义，我们可以创造一种格外稳定的思想。当我们要重新开办一所全新的学校时，我觉得内心非常强大的安全感将会赋予学生非凡的能力。我四十年来一直在印度谈论这一点，但没有人注意。我们能给予这种安全感并拥有受到保护的自由吗？在这样的环境中，思想才能充分运转——不是个人的，不是孤立的、自私的思想等等——而是成为充实的、富有的、完整的思想。我们可以拥有这两个要素吗：绝对的安全感和巨大的受到保护的自由？我们将会讨论这两点中包含什么？随后是课程设置，教什么，如何教，都与这两点有关。之后你会发现，在哪儿教要比你教什么内容重要得多。你在

5 只有在没有权威的情况下，你才能了解你自己

哪里教学？

提问者： 你说的"在哪儿"是什么意思？

克氏： 地点、氛围、环境、气氛、严肃感、神圣感。所有这些因素要比你所教授的科目重要得多。并不是说科目内容不重要，科目也很重要，但从整体来看，科目只能位居第二。我们能有这种安全感和保护性吗？我指的不是在四面墙之内或在花园中，而是那种氛围。

约翰·莉莉（John Lilly）一直在做海豚和鲸鱼的实验。它们的脑量巨大，研究人员明确指出，它们能够教给人们一些人类不知道的东西。它们高度敏感，学东西非常快，我想这是因为它们有绝对的安全感。没有什么会攻击它们。它们没有任何危险。海豚通常没有攻击性。它们非常温顺，非常有爱。

提问者： 您认为这种安全的氛围，这种安全感……

克氏： 安全感、保护性和身处其中的学习氛围。如果你的孩子绝对安全，无所畏惧，在自由的层面上受到保护，同时又受到监护，我确信这些因素会共同创造一种不同的思想。

我不知道我是否有点个人化。请原谅我。大约在1909年，当人们见到这两个男孩（克里希那穆提和他的弟弟尼提亚）时，人们看到他们受到了保护，因为接到了"大师"等人的指示。你也许不相信这些，但那里的

人们相信。即便王子也没受到过他们二人这样的保护！他们的食物、衣物都受到了监管。当他们乘坐普通的列车旅行时，总是处在中间的车厢，车厢两侧各守着一个人。我不再深讲了，但我确信这造成了巨大的不同。

我们能创造这种氛围吗？因为那时孩子们不会害怕。恐惧的成分无法进入，而恐惧是制约的要素之一。作为奖励和惩罚的恐惧根本无法进入。因为孩子们受到了保护，没什么可以吓到他们，没什么可以惩罚他们，没什么可以奖励他们。我们能创造这种氛围吗？我认为这是我们需要讨论的第一件事。

我们该如何着手去做这件事？如果你认为这是对的，如果你认为这是合理的、理智的，不是某种浪漫的胡话，如果你把它看作正确的事情，实实在在的事情，我们要如何着手去做这件事？这意味着你在哪里教学非常重要，教学的环境、房屋、房间、空间等一切非常重要。

我们能创造这样的环境吗？从中你和学生将会建立一种不同的关系。他们不怕你，因此他们拥有自信，信任等所有其他东西也会随之而来。他们知道你比他们的父母更加关心他们，因为你把全部时间投入到了这里。如果你认为这是正确的，那么，我们要如何创造这种东西？你要如何创造这种稳定感和安全感？

提问者：先生，这里似乎包含着几个要素。你提到过其中一个是能够时刻为学生所用。

克氏：啊，我根本不是在谈论学生。很抱歉。我是在问你，你要如何创造这种绝对的安全感，以便在学生走进这个地方的一刹那，就知道，就能感觉到安全。

提问者：我一直在让我感到安全的环境中，这也许有助于看待有安全感的场所问题。也许这里的其他人也体会过这样的环境。

提问者：我当然体会过，但是你说是什么带来了这种感觉呢？这是什么品质？或者说什么东西产生了这种品质？有人能说清楚吗？

克氏：没有规则。是的，它是如何产生的呢？

提问者：它应该是静静的；也就是说是种柔软的物质。我想它应该是温暖的，我想应该有柔和的、明亮的品质，但不要太过明亮。

克氏：先生，我在这种地方待过。它们很棒，但它们没有真正的家的品质。我看不出学生们如何在第一天走进一所空空的房子时会有这种感觉；这可能发生，但却是针对那些入住这座大楼、这所学校的家长、老师等创造这种氛围的人。

你在那里。也许你们其中有三个人在那里。什么会让学生们感觉到自己是安全的？他们会遇到什么东西？我是一名学生。当我走进那扇门的时候，我想要感觉到什么东西？

提问者：他显然会看到这个地方的外观，看到它是否安静，是否有和谐的景象，是否美丽，是否没有任何让孩子感到不愉快的地方。

克氏：说得对，先生，在绿地上是否有葱翠的树木，我们有几个人在那里迎接他们，我们有开阔的视野、美丽的树木和蓝天、绿地。然而，事实却并非和你想的完全一样。他们会见到你们当中的两到十个人。他们会在你们仔细计算过能够发挥功效的场所见到你们。不过，首先是你，然后才是地板和灯光。第一印象是你。那么，你要如何会见他们，让他们感到这里有一把保护伞？

提问者：那一刻你全身心地投入到他们身上。

克氏：这并不能让我非常满意；我想更加深入地渗透其中。你会努力与学生做些什么？不是学生与你做些

5　只有在没有权威的情况下，你才能了解你自己

什么，而是你要做些什么？你真正要与那个男孩或女孩做些什么？不仅是在他们进门的那一刻，而是在整个10到15年期间，你要努力做些什么？如果我永远在这里，我会为之而努力；然而，在我走了以后，你们大家要努力做些什么？

提问者：不是要提供机会让人们变得自由吗？让这些孩子们变得完整而自由，让我们自己变得完整而自由，变得冲破制约？

克氏：正是如此。那些是以后的行动。我正在询问整个事情。那个孩子会发展成什么样？我用的是"发展"这个词，不是制约，不是塑造。在与你接触的过程中会诞生什么？

提问者：我知道一两个人在我年幼上学的时候，给过我那种感觉，他们让我觉得一切如常，一切都很好。他们没有忧心忡忡。没人指望我去做我本该知道但我却不知道的事情。他们没有期望任何人超越自己本来的样子。

克氏：你是说我什么都不做吗？学生来了，我见到了他们，我什么都不做。

提问者：这听上去很不错！我想必须得有某种正在进行的严肃的活动。

克氏：当然。我对此并不担心。

提问者：先生，您的意思是会见孩子的时候，不一定要以主任或校长或其他什么身份；不一定要满怀疑问，提出你想讨论或引出的东西，而是要按照孩子原本的样子去会见他们？

克氏：不，对你来说，你什么都不做。只要稍微玩一玩就好了。空气中有朵花。空气没有对花做任何事情；其实它是做了一些事情的，只是它没有蓄意去做某些事情。

提问者：随意地。

克氏：随意地，有意地，无意地。那么——我只是在调查，在讨论的过程中得出某些结论——我会见孩子时，能够完全无所作为吗？那时孩子会感到"天啊，这个人不想我做任何事，不想我这样、那样或其他样"吗？

提问者：孩子会丢掉他的所有防御。

克氏：注意看。它发生了。在这个孩子的一生中，第一次有人没有告诉他该做什么，不该做什么。这其中存在着危险。如果你把这当作是扫除其烦恼的手段，那时它完全是个障碍；如果它是计算好的、控制中的、无意识地渴望产生一个结果，这时障碍不见了。

提问者：这时什么都没有，因为它正在做一些事情。

克氏：这是一所新学校。我会很自然地感觉到这一点，你明白吗？这是一所新学校，一个新场地，一个可爱的地方。我们可以带来这种感觉吗？什么都不做才是

5 只有在没有权威的情况下，你才能了解你自己

最大的稳定性。我没对自己做任何事情，没有"我一定不能怎样，我必须怎样"或"应该怎样"。什么都没有！这并不意味着我是植物人，并不意味着我退化了。其他因素由于所有的矛盾冲突导致了退化。我们能做到这一点吗？这种无所作为不能产生伟大的完整感吗？我来到这个房间，你在那里。你不是空无一物。你睁着大眼睛。你体内的一切充满生机。而你什么都没有做。难道这不会让你与学生产生某种关系吗？要知道他以往所处的环境总是在追赶他、威胁他、欺凌他。难道这不会让学生感到"我在这里！这是某种全新的东西，我此前从未期待过，从未拥有过"？因此他所有的活动变得不同了。他不会与你作对。对吗？

提问者： 听上去是对的。

提问者： 先生，我见过一些学生，他们需要一些时间去感受这些东西。他们很迟钝。

克氏： 是的，他们很迟钝，他们受到了毒品和社会的严重影响。但我现在讨论的是学校中的老师。学校中的这位女士和男士能有这种全然无所作为的感觉吗？它会转变为最积极的行动。我不知道你是否明白这些内容。我们可以一起来做这些事情。

那么，我理解无为指的是什么吗？老师理解吗？学校也不能积极主动。因此学校必须有恰当的比例。

提问者：我不知道自己是否能做到这一点。

克氏：不，不，你不能做任何事情。

提问者：我们必须小心不要去构建有关无为的行为。

克氏：是的。我们正在讨论非主动的保护、行动和稳定性。

我很抱歉提到了那两个男孩。我必须结束那个话题。关于如何对待这些男孩，高层有一些指示——如果你相信这一切的话。我不是愤世嫉俗，不是怀疑论者。（他们身边的那些人）相信高层；我不是在谴责他们。他们相信高层，所以他们说这两个男孩必须得到保护，他们必须吃恰当的食物，他们必须穿恰当的衣服，他们必须见恰当的人，他们必须以正确的方式讲话。一切都被指定好了。

提问者：我想称他们为受人摆布。

克氏：哦，受人摆布！有人让他们读罗斯金（Ruskin），读尤利西斯（Ulysses），看大教堂，去剧院，见重要的人。我不是说我们应该那样做。我们不能那样做，那么，我们能够创造这种完全无为的氛围吗？这样孩子才会感到完全像在家里一样。如果没人告诉你该做什么，没人摆布你，没有丈夫或妻子说做这个，别做那个，没有唠叨和逼迫，你会有在家的感觉吗？会吗？那么这些学生为什么不能那样做？感觉像在家里一样，这是他们的安

5 只有在没有权威的情况下,你才能了解你自己

全感。

提问者:这不是意味着要非常小心地挑选孩子们吗?因为不敏感的孩子会把这理解为他将会去真空的环境中。

克氏:是的。我现在还不想讨论孩子或家长。我只关心我们是否能创造这样的环境。

我认为如果你不主动,你很自然会变得非常敏感。因此你会看到学生本来的样子,你会看到整个背景,因此你会以不主动的方式对待他们。你知道,如果你不主动,我会暴露我自己;我不在乎,因为你不会批评我,你不会威胁我,你不会惩罚我。我暴露了自己,这时你会看到真正的我。它能创造一种氛围。它能创造某种潜质。然而,你知道,没有学校、学院或大学或家庭能够提供这种氛围;因此它如同大海中的波浪。没有什么会威胁学生。什么都没有。没有惩罚。它做了一些非凡的事情。必然如此。你看到其中的真相了吗?真相,不是口头的真相。如果你真的看到了,那么这个问题结束了。我们可以继续说:"我们如何才能不积极主动地教授学生数学或历史或其他科目?我如何才能不积极主动地教授你数学?"

一个小男孩学到了历史就是犯罪、谋杀、战争以及那些与战争有关的英雄人物。我教你历史是为了否定所有这一切。这是在否定。我不积极主动地教他历史,这

样他才能看到人与社会、贫困、权力、地位等一切的关系——这才是历史。

提问者：这不是某个人的观点，而是从全人类的角度来看，可以说是人类的文化。

克氏：人类的文化是这样的：战争、权力、地位、诡计、欺诈。这是我们的历史。这些历史中的英雄人物是最不诚实的人。因此，在教学的过程中，我会引出全盘的否定。我会说，以华盛顿为例。他最终成为了最富有的人之一。我不会积极主动地谈论所有的内容，我不是要努力说服学生任何事情，因为我把整件事看作是思想的真相，它没有……我看到了它，因此我说它没什么大不了。我可以读历史，然后说它没什么大不了。这是事实。亨利八世国王存在过，但这没什么大不了。

提问者：今天学校里教授的历史会与社会体系联系起来，所以你不会学到华盛顿在任期结束时成了一个富有的人。你会学到他是美国之父，因为历史是用来篡改的，这样当你从学校出来，将能完美地融入社会体系当中。

克氏：他们扭曲了事实以适应他们自己的国家虚荣心。我要如何不积极主动地教授数学？

提问者：秩序是一切数学的基础。

克氏：所以我会谈论秩序。秩序是不活跃的，所以

5 只有在没有权威的情况下，你才能了解你自己

它是有序的。你接触的数学越高深，你的思想就要越有序。我能创造出很多种教学方法，你呢？

提问者：在我看来，这必须很有经验。很多数学和科学等就这样发生了，孩子可以加入其中。然后你向孩子解释如何使用数学和科学。

克氏：他们学得非常快。我也会帮助他们安静地听讲。这里有极大的可能性，先生。从听讲开始。正确地听讲，学校必须从安静开始。在我教授数学之前，我会说："安静地坐着，别出声。可以想你所想，但要保持安静。要静静地坐着，因为只有这样你才能听到我要讲的内容。然而，如果你冲进来，拿起书，而我开讲了，你却没有在听。保持安静，如果你想看看窗外，就看看窗外吧，但是听着，要一边看一边注意你所看到的东西。"

提问者：你在那里有完整的生命。

克氏：我们要创造一所前所未有的学校。

提问者：这里值得注意的事情是，我们以这种方式对待年龄较小的孩子。在他们达到进入高中的年龄之后……

克氏：会变得更加困难。

提问者：会困难得多。

克氏：那么，你能把这点传达给老师吗？老师很重要，不是孩子们。

提问者： 老师是需要负责的人。

克氏： 是的。你能把这点传达给学生们吗？学生很听老师的话。显然，他们会做你所期望的任何事情。我会的。因为你是真的关心。

提问者： 总有一些孩子永远不明白这一点。

克氏： 在你的学校中遇到这样的孩子，你会怎么做？

提问者： 对于有些孩子，我们会坚持长达一年半的时间，对于另一些孩子，则会顺其自然。这很难。需要极大的耐心。

克氏： 是的。

提问者： 从你在学校积累的经验中，你现在学会辨别哪些孩子能够接受这种做法了吗？还是说那是不可预测的？

提问者： 我们做过很多错误的判断，但我认为我们正在有所好转。我不知道我是否可以描述出来。

克氏： 先生，你们是如何评判的？你还有其他两三位老师，你们一共六个人。你们是如何评判的？

提问者： 大多是通过感觉，不过这个过程是面试孩子和孩子的家长。我们会给他们介绍学校，向他们展示学校的幻灯片，让他们对学校有所了解。然后我们会和他们谈论他们自己的事情，我们会基于我们对孩子的感觉达成某种共识。

5 只有在没有权威的情况下,你才能了解你自己

克氏:你们是如何达成这种共识的?

提问者:通过了解。有时我们是错的,有时我们是对的。

克氏:先生,注意,这里有几位老师。我是学生。你们每个人都将投票。如果你们当中有三个人反对,而大多数人都同意,你会怎么做?

提问者:这种事情永远不会发生,因为我们会一直

谈到我们所有人都同意，总会有一个办法。

克氏：所以必须是全体意见一致？

提问者：是的。

克氏：好的，那你要如何实现这种一致？通过谈话吗？

提问者：谈论我们的感受。

克氏：谈论学生，而不当着学生的面，你说："请出去玩一会吧。"在你们自己人之间，你们是如何做？谈论你们有关这个学生的感受吗？

提问者：我们有两种方法来做这件事。在年初我们会以之前那种方法来做这件事，如果孩子是在年中来的，我们会让他或她来访三天。

克氏：可是就算这样，你们投票一致通过或不同意的过程是怎样的？你们是如何得出结论的？通过谈话吗？

提问者：是的，我们只说我们对这个孩子的想法和感觉，以及我们是否认为这个孩子合适或不合适。

克氏：先生，你们能找到其他的方法吗？因为在谈论他的过程中，当我和你谈论时，我表达了我的感觉。我也许对自己不够坦诚。因为是你在主持这场表演，如果我接受了你的观点，但我的内心却紧张不安，那么之后我对这个孩子的反感会被放大。这种情况可以避免吗？

提问者：我们正在为此而努力。我们还未完全避免这种情况，但我们正在努力向彼此清楚表达我们自己的观点。如果我们对彼此有其他考虑和保留意见，我们会相互分享。

克氏：不，我要对此发起进攻了，先生，我们有四个人。学生来了。我认识他的父亲，他的母亲，我知道他们的家庭是否和睦，是否有钱。我知道这个学生，因为我读过一篇报告。我跟他的父母交谈过，了解了他们的语言，他们的态度，他们的坐姿，他们房子的外观，他们的小气和吝啬。所有这些我都了解了。我能够摆脱我所有的这些成见吗，我能够刻意地把这些成见放在一边吗？我们故意说："我不会让我的成见，我的感受，我的敬意，我的势利或我的平等主义观点干涉其中。"我故意把所有这一切放在一边，你也如此，他们也如此。这样，当我们的意见完全一致时，不存在限制，不存在秘密，不存在怀疑，不存在权威。所有这些都被抹去了。那时，我们三个人或我们十个人看待这个孩子的方式迥然不同了。这是全面的看法，不是你的看法，也不是我的看法。

提问者：是的。那时就是非主动了。

克氏：是的。那是我们大家的看法，我们都没有成见。因此它是非主动的等等，而我们的评判将总是正确的。这才是真正的洞察力，先生。那时学生会向我展示一切——如果我们都同意的话。如果一位家长乘坐凯迪拉克而来，另一位家长骑着自行车而来，我们的审视会剔除自行车，剔除凯迪拉克。

（停顿）

好的，先生，你的课程设置在哪里？

提问者：我想在这种条件下，我根本没有要呈现的课程设置，我没什么可提供的。我们想让老师提前几个月过来，这样我们可以坐下来，从根本上讨论所有这些事情。我们会形成对学校实质内容的理解。历史和数学比较容易讨论，然而，随后你会进入一些更为复杂的学科，比如语言和艺术。不是科学，而是艺术这种跨越现实和非现实边界的学科。你可以教授形态、顺序、比例与对称，但你要如何教授好的品味，或者说你要如何传达好的品味？

克氏：先生，我认为好品味是可以教授的。

提问者：你能教授好品味？

克氏：当然。我走进这所房子，我立刻看到这里有好的品味，因为我很敏感，我想要学习。我很抱歉，我并不势利，但我进入另一个家庭时，我看到那里一点品味都没有。我会看学生的穿着打扮，是否有好的品味。你可以教给我——但你无法教给我美丽。

提问者：要找到有这种观念的艺术老师有点困难。他们都想泼洒颜料，绘制水彩画。他们觉得那是艺术。

5 只有在没有权威的情况下,你才能了解你自己

那与他们对创作的感受有关。他们想让孩子们表现自我,你知道,成就一些事情。

克氏:先生,除非你能创造敏感,否则我不会学到任何东西,甚至是数学。而艺术则要复杂得多。除非我对美很敏感,否则我只是绘制,只是拷贝。当我创作陶瓷制品时,虽然看上去是某种新形状,某种新颜色,但那是……那么,你要如何把这种敏感性带给孩子呢?

提问者:先生,这种事我们做过很多,我们会让学生去博物馆或是其他能够参与、品味东西的地方。他们改变了吗,他们学习了吗?

克氏:我问的是一个不同的问题:他们敏感吗?

提问者:你只要坚持让他们见识很多东西,自然会有收获。

克氏:是的。所以你是说,带他们去博物馆,让他们见识最好的画作,最好的音乐,最好的一切;让他们沉浸其中,这会引发他们的敏感性,或是扫除愚钝。

提问者:差不多是这样,只是我们不仅专注于博物馆。

克氏:不,不,我只是以博物馆为例而已。

提问者:就我的经验来看,你带他们去很多地方,你提供这种非主动的环境和这种支持,不要做任何评判,那时这种好奇心会开始复苏。

克氏:你要如何引发这种东西?如果我不具备敏感

性，就算你带我去世界上的所有博物馆，最终我会依然愚钝。当你看到敏感的重要性和必要性之后，你要如何引发我内心的这种敏感？不仅限于画作；而是针对一切东西。

提问者：通过激活它。

克氏：不，等等，等一下。我作为学生而来，当你说"敏感性"时，我不知道你在说什么。当我用大头针扎到自己时，或当我看到一辆新车时，我很敏感，但我对自己身边的荣耀或丑恶等诸如此类的东西并不敏感。你要如何唤醒这种敏感？

提问者：通过不断向他们传达我自己的敏感性。

克氏：怎么做？

提问者：通过把它指出来："哦，看那只鸟，看那只动物，看那个，感受一下阳光。"

克氏：对不起，请原谅我。不久前的一个晚上，我听到肯尼斯·克拉克（Kenneth Clark）说某幅画作是你所见过的最了不起的东西。他正在为那幅画作做宣传。而我说："让这个人去死吧，我自己会鉴赏这幅画！"

提问者：他给了你一个评论性的观点，以及所有随之而来的知识。为什么这不中肯吗？这不有趣吗？

克氏：因为他并不完全敏感；他只是在某一个方向敏感。

5 只有在没有权威的情况下，你才能了解你自己

提问者：谁是完全敏感的？

克氏：啊，我关心的是完全敏感。我关心的是对鲸鱼、对鸟儿、对穷人的敏感性。我对周围很敏感。这才是我想要的，而不仅仅是偏向一边的敏感性。我问的是你要如何带来巨大的敏感性，我指的是敏感这个词的深层含义。你要如何实现这一点？这是你的问题之一。

提问者：如果你说："哦，看这只鹰"，或是其他一些东西，那是不是……

克氏：不，当我正在做某些事情时，你喊我，说："来，看那只鹰。"我冲过来，看着那只鹰，然而这是不同的事情。我想知道你是否能通过交谈，通过举例，带来这种敏感性。我在这些学校里讲过很多东西。我说："当你走路时，不要捡树枝，摘树叶，不要把树叶全拽掉，留下光光的树干。"我说过好几次不要这样做。没有改变。那么，你会怎么做？不要举例。只要把这当成是探索业务，没有同意或反对——不要举例，不要谈论，因为如果你谈论了，你会创造出一种你很敏感，而学生不敏感的感觉，他必须以某种方式达到你的水平。你会如何去做这件事？我想搞清楚。我可以深入探讨吗？

我会深入到注意力的问题，它指的是参与——忘记敏感性——它指的是去看、去听。那样你会拥有敏感性。如果你正在教我一些东西，我不想被人教。那时我们的

关系是不同的——举例，谈论——那样我们会处在不同的水平上。然而，如果你深入到注意力的问题，那么你和我都会努力找出答案。当玛丽亚（Mary Zimbalist）叫我"看那只鹰"时，我真的想去看，因为对我来说注意力是我时常谈论的东西。对我来说，那是通往"无为"或诸如此类的提示。

当学生们走进教室时，我会说："安静地坐下。"我会说："如果你不想安静地坐着，可以看看窗外，但要一边看一边注意你看到的东西。你不要说'哦，我不能看，我必须学习'。如果学生想和旁边的同学说话，可以说。"我不会阻止学生讲话。

提问者： 先生，您在圣人谷学校年复一年地讲着这些事情，在您讲完之后，学生们难免会回到班级里提问题，以及诸如此类的事儿。他们会说："克里希那说了这个，说了那个。"然后我们会举办一个员工茶话会，这些事情会被重新提起。然而，老师没有进一步追踪注意力或听讲的问题，这曾是老师的责任。

克氏： 不，当然不是。他们不感兴趣。

提问者： 除非他们亲自来这里，来听你讲的这些内容，否则没有任何意义。

克氏： 那么，先生，我们要如何组合这所学校？因为我们星期五就要见建筑师了。请牢记——在教授数学、

5 只有在没有权威的情况下,你才能了解你自己

历史、艺术等全部课程的过程中,要做到无为——什么样的房间、场地、房子、屋顶、墙壁能够给予这些感觉?这里的建筑师是美式风格。如果我们在欧洲,建筑师会是欧式风格。然而,你不会想要一所欧式、美式或日式的学校,你想要一所融合了一切东西的学校:好的品味,好的深度,极好的窗帘,内含生命的砖块。

提问者: 我想重新提及当我们会见想来学校就读的学生时,我们大家抛弃了自己的成见,自己的好品味等其他的一切,那时我们会有某种清晰的认识。

克氏: 我理解,先生,但我们都要面对后天的争论,基金会已告诉建筑师继续进行,去建造、创作。我们将会拿到钱和设计,所以我们必须……

提问者: 一定会有一系列的会议,一定要有某种包括建筑架构在内的工作语言。我们必须进行自我教育,开始讨论这些事情,并把它们记录下来,以便把它们传达给建筑师。

克氏: 他们后天会来这里。我们将与他们交谈,告诉他们我们想要什么,我们会深入讨论所有这些内容。我想要到场,因为我觉得这是某种新东西,我想——不是"我想"——帮助他们创造正确的场所。如果我们没能到场,他们会把道路设成环形道,大楼会集中在那片草地上。我们该怎么做呢,先生?我觉得——不是"我

觉得"——每块儿砖都很重要；我对大梁、把手和铰链有不同的想法。

提问者：好的，这叫作监管；它意味着要到现场。

提问者：它还意味着要计划好一切，深入探讨，意识到这个场地的每一处细节，要有综观全局的概念。

克氏：所以我们内部的讨论结果是，我们将和他们面谈，告诉他们我们所有的感受，尽可能多的感受？然后，我们说："依据我们的期望，我们的感受，继续进行，向我们展示这一切，绘制一些东西。"

提问者：克里希那，请允许我打断一下。我们要让他们做的是，因为您周日就要离开了，简单明了地告诉我们他们自己的思考方向，并提出他们的思考建议。而后我们做出回应，他们将听到大家的想法。这是第一次讨论所有这些事情。

克氏：我知道，但我想达到的是在我们离开以后，这里有人能够监管他们的一步步提议，并时常与我们沟通有关这幢建筑物的信息。

7
我们必须引发自身的心理变化

如何改变孩子的心理？必须先改变我们自己的心理。当我们想要让孩子懂得什么是体贴时，并不是直接告诉他们什么是"体贴"，更不是责怪他们不懂得"体贴"，也不是跟他们讨论"体贴"这个概念。恰当的做法到底是什么？他们为何不懂得体贴，是什么力量让他们没有反应出体贴的作为？是因为我们对他们不够体贴。

克里希那穆提（克氏）： 我认为如果我们能够从现在开始，仿佛一张白纸，那是值得去做的。

印度圣人谷学校的校长在布洛克伍德待了三个星期，我们每天早晨都会讨论圣人谷学校应该是什么样子。如果我和你们把这些内容重温一下，是很值得的。我们谈到了四五岁到12岁的孩子，最主要的问题应该是学生的心理变化，解放学生，学生的行为，学生的说话方式和远见。不仅是心理变化，还有阅读、写作等一切。所以，对于5到12岁的孩子，我们希望这些学生或孩子不要受到新方式的制约。相反，老师们最该关心的是在心理上，内心上，看到他们完全有别于周围的环境，有别于其他的孩子和社会，这样当他们长大时，12岁以后，他们仍会保留这种品质。在12岁到18岁以后，其中有些人会去上大学，有些人不会。我们暂且不谈。

在这里，我们关心的是5岁到12岁的学生或孩子。请注意，我们稍后会讨论这个。我不是要指定任何法律；

7　我们必须引发自身的心理变化

我不是权威。我痛恨权威，所以我要在这里加一句，在受托人和老师之间不该存在割裂。毕竟，他们和我们一样关心这所学校。受托人对政府负责，如果我可以指出的话，他们还对我负责。他们关心这所学校。他们关心这个教育中心应该是什么样子，这点我们稍后会进行讨论。受托人关心整件事情。这不是你们和我们的关系。如果存在任何分割，一定是有误会，这些误会应被消除。我们在这件事情上是一个整体，同乘一条船，我们关心如何引发5到12岁孩子的心理变化。

我认为从行政目的而言，必须有个主管，就像在布洛克伍德学校一样。然而，如果你是主管，你并不是有别于其他人的某个人，你并不能支配我们。我们是共同创办这所学校，因此，我们作为老师共同对基金会负责，而基金会也对我们负责。不存在分割。

提问者： 我想已经很明确了。如果任何人有疑问，我想现在是时候提问了，因为还存在一些误会。

克氏： 请问吧，我们一步步解决。只要是受托人，我们都认同，这里存在着信任，如果你们共同合作，受托人会信任你。但我们也要展示出我们的能力，欢迎他们来帮助我们。无论我出现在哪里，都会有争斗。在印度有基金会的受托人，在英国也有受托人，人们说他们是相互独立的，但我会为此展开争论。在受托人和老师之间，没有分割。我们大家是同坐一条船。受托人有其特定的作用，发现出版书籍，安排演讲；老师也有自己的责任；但我们是共同合作的关系，不是相互独立的。请注意，让我们把这点说清楚，这样在受托人和即将接管学校的团体之间就不会存在误会了。我们是一体的。

提问者：我可以就此事提出一个请求吗？因为我在其他基金会中见过这种情况。我是说，如果有什么看似误会或意见不一致的地方，应该立刻把它提出来。你去找当事人，说："我想你是这么想的，对吗？"立即把问题解决掉，因为通常出于处事圆滑或任其发展的原因，对一个小误会放任不管，它会像鞋子里的石子一样，并会由此产生更深的误会。做人事工作很容易，可以说："听着，关于这点，我是对的还是错的？"我们可以做到这一点，因为我们是一个团体，都是自己人。

克氏：非常正确。

提问者：我们像朋友一样正常讲话非常重要，这样就不会有误会了。不要假设某人对某事是这样想的，而是要立刻搞清答案。

克氏：是的。所以现在我们开始吧。

你们觉得从 5 到 12 岁开始教育孩子可行吗？不仅在学术方面，还有其他很多方面，重点放在心理活动和心理活动的变化上。我认为这点非常重要，不仅是针对美

7 我们必须引发自身的心理变化

国当前的情况，它是全人类的实际问题。

提问者： 12岁左右会有什么任意的行为吗？12岁以后会有所不同吗？

克氏： 不会，什么年龄都行，随你。我和圣人谷学校的校长讨论时，说的是5岁到12岁的孩子。如果你说这不适合这里的情况，那也可以是5岁到10岁，或无论什么年龄，我们都认同。

提问者： 在任何教育论坛中，这都不是问题吗？无论是5岁或12岁或18岁，都要付出同样的努力？

克氏： 是的，没错。

提问者： 我想我们在这里可以讨论到初中。

克氏： 这是从未有过的尝试。没有学校做过，无论是在印度，还是在欧洲，或是在这里。这是我们第一次试图把重点放在人类的心理变化上。期间或之后会加入学术上的事情，但我们的重中之重是心理变化。

提问者： 问题是我们大家都有足够的动力吗？

克氏： 这是一个问题：充足的精力，充足的能力。你真的对改变人类思想感兴趣吗？不仅是学生，还有与学生有关的我们自己？不是说我们必须先改变自己，然后再去教孩子们，而是我们一起改变彼此。

提问者： 先生，我认为我们需要更多的人。我们需要更多训练有素的老师，我们需要人去……

克氏：如果你需要他们，你要如何得到他们？他们会陪你走到什么程度？他们会全身心地陪着你吗？

提问者：我们有一些准备就绪的等待者。

克氏：他们牵涉到其他事情了吗？

提问者：他们首先必须理清那些事情。

克氏：你看，先生，我不知道你是否清楚知道所有这些事情。人们会加入各种团体，随后把这作为另一个技能加入履历。这样是行不通的。他们会去接受敏感性训练，或学习超在禅定派（Transcendental Meditation），或如何唤醒生命力（Kundalini）。我从幼年时期就一直在经历这些，在我看来，这些纯属毫无意义：超在禅定派，敏感性训练，拜入禅宗佛教以及努力冥想。很多人牵涉到很多这类事情，他们也想加入这一笔。因此他们说他们很高兴来这里帮忙，但却留意着其他地方。所以我们曾在布洛克伍德说过："请注意，如果你来到这里，却在周末与超在禅定派的人一起冥想，那我们不需要你。"我们已经深入讨论过了，我们认为超在禅定派纯属无稽之谈。我解释过它是如何在印度产生的等等。所以，如果人们说他们喜欢超在禅定派，我们会说："没问题。去吧，但要把超在禅定派和这个混为一谈却是行不通的。"

那么，你们有能力、精力和动力去创造这样一所学校吗？我们将会邀请其他人。他们也许会来帮忙；他们

7 我们必须引发自身的心理变化

会加入进来,但我们必须是人们的核心。这是很重要的事情。

提问者:我们如何能提前知道我们是否有足够的动力?

克氏:啊,不。但你们知道这种感觉,对这种东西的内在需求,以及这种需求的强烈程度。

提问者:那种感觉反复无常。

克氏:啊,不,它不会反复无常,如果它……先生,我必须赚钱,工作赚钱,然而,如果我说我觉得这件事是对的,正确的,真实的……因为这个世界上的人正在退化;美国人正在变得庸俗。这本该是一片绿洲。绿洲是沙漠中间有淡水的地方。那片淡水能够保留下来,不是因为你和我,而是因为那里的清泉。如果我们说这是绝对必要的东西,在孩子的生命中与老师的关系是最重要的事情,先于阅读或写作,如果你有这种感觉,如果我们都有这种感觉,那时我们会有能力。因为,毕竟,能力来自应用。当你说:"这很重要,我必须做这件事"时,你能够应用。

提问者:我想说明一件事。我们正在谈论找更多的人来加入这个新场所。

克氏:是这样。

提问者:好的。我们正在谈论老师,有实用技能的人,能在日常生活中与孩子们协作的人,能天天对孩子

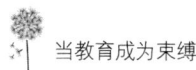

负责的人。

克氏：教给他们的不仅是阅读和写作，还有心理方面的内容。

提问者：是的，心理方面，学术方面，社会方面等所有事情，正如您所做的那样。我们也谈到了不教学但却与学校有合作的其他人。

克氏：以什么样的方式合作？

提问者：这正是我想理清的问题。

克氏：我想知道。他们是否强加干涉，说："不，很抱歉，重要的不是心理变化，而是其他的东西？"他们想帮助这所学校，但却说我们太过强调某一件事情了吗？他们前来和你一起讨论了吗？由于他们的能力，他们的名头等等，你觉得他们比你知道得多，所以你最好对他们卑躬屈膝？这都取决于他们所谓的"帮助"是什么意思。

提问者：是的，这取决于他们以什么精神成为了学校的组成部分。

克氏：这正是我要说的。

提问者：可是，先生，我觉得我们在最近6个月中发现：在学校方面，我们需要更多的人。

克氏：你说的在学校方面是什么意思？

提问者：我指的是也许我们可以有一个更大、更专

7 我们必须引发自身的心理变化

业的教育团队。

克氏：对于此事，我们要谨慎对待。我来告诉你一些事情。假设，将由你、学校主管和两名基金会的受托人来选择老师、学生以及前来帮助你们的一些新人。你们共同来选择。你会依据什么进行挑选、选择或随你喜欢用什么词？依据他帮助我们的能力吗？"帮助"这个词指的是什么？你知道如果我们不明确会产生多少伤害。

受托人（对主管说）：你觉得你需要一个更专业、更有资质的顾问以备学校运营事务的咨询吗？

主管：我觉得有一个更大的团队作为顾问会非常有益，因为我们在这里讨论的东西并不像一所典型的学校。我们讨论的东西非常复杂，要应对心理方面，而不仅仅是学术方面，我认为有一些敏感的儿童心理学家，或一些对这件事有感觉的人，和一些能够对我不精通的事情提供些深刻见解的人，是非常有益的。

克氏：你是说一位心理学家？

提问者：精通这些事情的人；但不是要用所有的各种理论支配这个团队之类。

克氏：去找吧，如果你能找到的话；如果他对我们所做的事情感兴趣，如果他说"这是对的，这是正确的"；不是因为他喜欢你，或是你喜欢他等诸如此类的原因；如果这是对的事情，正确的事情，那么你当然能够把他找来。可是,有这样的人吗?

提问者: 我只想知道我们对这类事情是否开放。

克氏: 是的,但首先我们要明确,生活在欧佳谷的核心人群,在这所学校中的主要兴趣点是努力转变学生的个性和心理。如果深入理解了这一点,你可以邀请任何人。然而,如果他们想让学生成为禅宗佛教徒或练习超在禅定派或这个或那个,我要说这太荒谬了,因为我们正在尝试开展某些全新的东西。你也许找不到这样的人,然而,如果你找到了这种人,谢天谢地,请把他们带来。

提问者: 这并不意味着我们放弃了对于孩子们,对于运营学校的任何责任;这只会让某些东西更为可靠。

克氏: 但这里必须有一些核心人群为此而努力。

《福布斯》发布了2014年度30岁以下30位正在改变世界的青年才俊榜单,橡树林学校两位教职工入选。

7 我们必须引发自身的心理变化

提问者：我想谈谈寻找老师。

克氏：等等，我们会找到他们的，先生，但你准备好面对心理问题了吗？你有3个、5个、10个、15个学生。好的。你准备好了吗？你知道吗？你意识到要如何改变他们，如何改变他们受到美式制约的心理结构了吗？先生，我在想除了学生的数量，除了空间以外，我们可以讨论看看如何面对学生的变化问题。如果这点多少有些清楚了，我们再去找其他老师，找场地。那些都会成为次要的问题。因为这件事从未尝试过。至少我不知道任何学校重视这件事。

提问者：你在布洛克伍德和印度的学校没有尝试过这件事吗？

克氏：没有。布洛克伍德学校第一年开展的项目是给学生自由，让他们去做他们想做的事情，因为我们招的就是那种学生。

提问者：那是年龄较大的群体。

提问者：但学校的意图是引发心理变化。

克氏：哦，是这样。

提问者：好的。所以这件事以前尝试过，只是没有……

克氏：啊，不，它在我们的学校尝试过，但在其他地方没有过。我们要在这里开展的是某种全新的东西。

你们对此做好准备了吗？就做好准备的层面上来说，你们有能力去做其中涉及的一些事情吗？明白我们所说的变化是什么意思吗？是否有可能发生改变？你们能有礼貌地、体贴地、宽容地与学生交谈吗？首先，所有这些，你们能做到吗？我们能一起讨论这些内容，看看我们能走多远，如何去做这件事吗？

提问者： 我们当然可以做到。

克氏： 那么，我们一起做吧。我们明确一下。基金会的受托人和你们是一体的。我想反复强调这一点。很抱歉！（笑了）在你们和他们之间不该有不信任。没有你们和他们之分，你们是一体的。我是说基金会的存在是为了帮助这所学校，为了看到这所学校能够维持下去。在英国，基金会正在财政上帮助布洛克伍德学校。如果在布洛克伍德和基金会之间有任何误会，他们会立刻解决问题。我想有一点一定要非常清楚，那就是我们之间不应有矛盾冲突，我们不会在背后发表反对你的言论。如果我们有什么要说的，我们会来告诉你。如果你有什么要说的，也要来告诉我们。在这个体系中，没有背后诽谤、流言蜚语等一切丑恶现象。

这点清楚之后，学校的主要事情——不是主要事情，学校的唯一事情是改变学生的心态、心智。如果我们同意这是教育的本质东西，我们现在来看看如何实现这一

7 我们必须引发自身的心理变化

点。我们来稍微讨论一下。

来到你身边的学生已经受到了很深的制约,无论他们5岁还是12岁或18岁。他们很粗鲁,特别是在美国;他们有巨大的精力,却不知道该做什么;他们想要效仿较为年长的人。这种情况持续着。那么,我作为这里的老师,要如何处理这个问题,去改变他们的思想和心智?我该怎么做?对此你们有什么建议?

提问者: 我们首先不是要清楚看到他们的思想本质是什么吗?

克氏: 哦,这很简单,先生,这用不了几年或一个星期。你立刻就能看出来。我注意到当你向他们当中的一个人介绍津巴利斯特夫人时,他说"嗨",却依然坐在那里——在一位较为年长的女士面前,这是很失礼的。你也看到了。那么,你要如何应对这个男孩,说:"听着,礼貌一点,礼貌意味着展现体贴。如果你的内心没有体贴,你无法变得礼貌。"你要如何帮助这个男孩拥有对他人深切的体贴呢?在美国,每个人都只想着自己。就像世界上的其他地方一样,因为世界上的其他地方都在模仿美国,很抱歉这么说。那么,你要如何帮助这个男孩拥有对他人真正的体贴呢?这是心理变化的一部分。你们会如何帮助他?你们会做什么?

提问者: 交流。

克氏：啊，是的，你们会如何交流？来吧，先生，我们来讨论一下。他会反抗你；他说："当我被引荐给别人时，我到底为什么要站起来？"他在复制其他人的行为。他已经受到了制约。他来这里时受到了很深的制约，这种制约的其中一个特征就是无礼，缺少体贴。你们要如何帮助这个男孩拥有体贴？请跟上，先生，这很难：如果你树立一个榜样，他会模仿你，也许是因为他想迎合你，也许是因为他在想："太棒了，我要模仿他。"所以出于恐惧，出于爱，出于想要讨好你的渴望，他才模仿你。然而这并不是体贴。

提问者：不是。

克氏：那么，你要如何做呢？继续，先生，告诉我。我是你的学生之一。

提问者：我不知道。他们心存抗拒，这会阻碍他们去认同。

克氏：是的。你要如何去除抗拒之心？

提问者：你必须一次又一次地应对这种情况。

克氏：那么它会变成另一种习惯。

提问者：是的。当然。他们感觉受到了恫吓。

提问者：先生，首先你不是要和他们发展某种关系，从而让他们信任你吗？

克氏：等一下，看，这意味着什么？时间。对吗？

7 我们必须引发自身的心理变化

你和他们相处了三个星期,一个月,无论多久都好,在这段时间中,他们受到的制约反而加强了。当你允许时间介入时,这些陈年旧疾变强了,因为他们在这里是自由的。那么,你会怎么做呢?我们来找出答案。你不能惩罚他们,不能因好的行为给他们高分(笑了)。你不能说"好的,跟我做",因为这里没有权威。你要拿这个孩子怎么办?说"拜托,让你的内心充满体贴之美"吗?

提问者:先生,当您使用这些词的时候,他们不知道你在说什么。

克氏:我是在对自己说,因此我看出他们必须拥有体贴。当然他们不会听我的话。我无法与拼命抵抗的人进行交流;他们会称我为老古板或这个或那个,情况会陷入僵局。所以我心里必须清楚如何与他们交谈,从而让他

学生摄影作品

们感觉到体贴，想要体贴。一定有某种方法，不是吗？

提问者：我不知道。

克氏：啊！我们来想想办法，找出答案。对你来说，这是一个难题，一个挑战。你说："我不能让他们模仿我，我不能施展权威，我不能惩罚或奖励他们，那么，我要怎么做才能唤醒他们内心极其重要的体贴之情呢？"我只要把它当作是一种非常顽固的疾病的症状。现在，问题来了。你要如何唤醒那个男孩心中的必备之情呢？这个问题留给你们，你会怎么做？你必须找寻答案，你不能说："好吧，我等等看，我来研究研究他。"

提问者：问如何找到这个答案有任何意义吗？

7 我们必须引发自身的心理变化

克氏：没有。先生，我来换一种问法。你感受到——我不是针对个人；如果听起来像针对个人，请原谅我，这不是针对个人——你感受到体贴的重要性了吗？不是培养出的体贴，而是那种认为其他人也很重要的自发的感觉。

提问者：有时候会。

克氏：啊，这还不够好（笑了）。我注意到那个男孩后来站起来了。起初他坐着说"嗨"，不久后他觉得不合适，站了起来。那么，你作为老师，如何关注正确的行为？这意味着对他人有巨大的感情，如果你不具备这种感情，你会如何做？你要如何帮助孩子拥有这种感情？如果你有时有这种感情，他也会有时有这种感情。那么，你感受到这种感情的重要性了吗？你感受到人类的行为要素之一是体贴吗？不是偶尔体贴，而是要像花一样散发香气。如果我不具备体贴之情，学生也不具备体贴之情，我们要如何帮助彼此拥有这种感情？

提问者：他也要帮助我拥有这种感情吗？

克氏：他是我的学生。我没有体贴之情，他也没有体贴之情，但我们可以一起找出如何具备体贴之情。

提问者：他不想这样。

克氏：啊！我知道，可怜的小家伙，他不想，但我们可以一起做这件事，因为他是你的责任。我们可以一起拥有"这朵花"。那么，我该怎么做呢？拥有体贴之情对他来说很重要，拥有体贴之情对我来说也很重要。我们怎样才能一起具备这种感情呢？因为他是我的责任。我该怎么办？

我知道我会怎么办。好好想想，先生。打开思路找出答案。这对我来说非常重要，因为我看到了其中的极度高贵，其中的美丽；虽然我不具备这种感情，但我觉得它真的极度重要。那时，我有了这种感情。先生，你跟上了吗？我想知道你是否明白了。如果我觉得它极度重要，它会在那里。这时——我甚至不用提及对他人的体贴——我会对那个男孩说："忘掉一切，坐下吧。"我不会跟他谈论有关体贴的事情，而是谈论他的家庭，他在想什么，为什么这样想。我会走进他的思想。因为我觉得自己对那个男孩或女孩负有责任。所以我会钻到他的心里。我会让他讲讲他自己的事情。随后，在他谈论自己的过程中，他会表现出他会信任你。你打开了通向他的一扇门，你成了他的朋友。那时你可以开始渗透了。

提问者：先生，这不需要时间吗？

克氏：啊，不要谈论时间。这也许要一分钟，也许要一天。你提到时间的那一刻，你已经在说："我明天会有所收获。"我对时间不感兴趣。我看到了体贴入微的极度重要性，这里不存在时间。

7 我们必须引发自身的心理变化

对于暴力也一样。目前,现代文明极为暴力,那些孩子也很暴力。所以我想改变它;必须把暴力从他们的血液中清除出去,因为暴力和爱无法共存,所以我要找出如何才能彻底摆脱暴力。

我认为你对其重要性的认识还不够强烈。很抱歉。你说:"我需要时间。我没有改变,你也没有改变。"如果你没有感到摆脱暴力的重要性,你为什么感受不到?你出了什么问题?不是"你出了什么问题",而是出了什么问题?我们为什么感受不到对暴力的厌恶?不是作为一种反应;有这种暴力存在对人类来说是很可怕的。我们为什么感受不到?我们出了什么问题?如果我们感受不到其重要性,你又如何指望可怜的学生能感受到?

所以这不是时间的问题,而是感知的问题,要看穿真相。我是说,如果我很贪心,要看穿这个真相;就算有百万种解释也说不清我为什么贪心。我很贪心。如果我能看清这个事实,问题结束了。同理,如果我能看到体贴的绝美和必要性和高贵——真的看到,就像我看到一把椅子——那么时间就不存在了。我会向那个男孩展示这一点,我会与他交谈,我会改变他;我会为此花费几天的时间——不是几天;我会为此付出我的精力。你看,我们的传统说:"慢慢来,老朋友。"这是我们的传统,而我不是一个传统主义者。很抱歉。接受暴力的传统是我们受到的制约之一。

那么，我们和那些即将来帮助我们的其他人能做到这一点吗？当你有某种真实的、强烈的感觉时，其他人会过来。你必须有花蜜，蜜蜂才会来。如果你没有，它们不会来；你可以在黑暗中吹响口哨。那么，我们可以说"看，学生的心理变化极其重要，他们不该有暴力，不该有暴力用语"吗？如果你有暴力行为，你会发现不久之后他们也会有暴力行为。

那么，我们可以从那三个孩子着手吗？一所学校只有三个孩子！（笑了）我喜欢这样。你们可以从那三个孩子着手吗？请牢记，虽然阅读和写作很重要，但更为重要的是心理变化。我们可以从今天开始关注心理变化并看穿真相吗？这会让你感兴趣吗？或者说你认为他们应该改变重要吗？不是表面上的改变，不是追赶新玩意和新潮流，而是深刻的思想上的改变。你们对此感兴趣吗？

提问者： 当然，先生。

克氏： 如果你们对此感兴趣，你们会怎么做？你们会如何实现这一点？你们有三个孩子在你们的照顾之下，他们是你们的责任。如果你们说改变他们比其他任何事都重要，你们会如何着手这件事？这比教授数学要难得多，这比帮助他们学会做饭要难得多。这需要非凡的感

7 我们必须引发自身的心理变化

知力,需要看穿这个世界是什么,看穿人与世界的关系,人是世界的产物,如同孩子是世界的产物,是世界的一部分。所以孩子和我一样。孩子是世界的产物,如同我是世界的产物,从根本上来说,我和他之间没有任何区别。虽然我比他年长,比他高,还有其他一些无聊的对比,但从根本上来说,都在进行同样的活动。那么,我能停止这种活动吗?我不知道停止活动是什么意思。我不知道终止它是什么意思。我不知道。孩子也不知道。但孩子和我在本质上是相同的:我们都是这种堕落文明的产物。我看穿了某种东西的重要性。我能把这种感觉传达给孩子吗?

提问者: 先生,我认为对于年龄较大的孩子,这些话还有一点意义,然而,对于年龄较小的孩子,我不觉得他们有能力把这些联系起来。

克氏: 不,我甚至不会和孩子讲这些话。他们不知道你在讲什么。

提问者: 但他们能对你讲讲他们自己的事情。

克氏: 不,我的重点在其他地方。你错过了。我可以和那些孩子谈论体贴,一直谈到我的脸变蓝。他们甚至都不知道体贴这个词的含义。但我不会和孩子们谈论这个。他们是我的责任。他们和我一样。我不会把我和学生区分开来;我们都是一样的。我该怎么办?这是我的责任。我要做什么才能带来变化？你们知道，你们一直没有用心思考这个问题。这正是我在推进的事情。

提问者：有人一直在用心思考这个问题。

克氏：然后呢？如果你用了心，你一定会有答案。很抱歉，我不是针对个人质问你。如果你用了心，一定会有一些结果。啊，不，不要说："我不知道。"和其他任何事情一样，如果你用了心，你一定会有答案。我们没有提出问题，找出答案，随之应用它。很抱歉，我不该总是说个不停。

提问者：先生，这不恰好是你平时经常谈论的少有的事情吗？比如停止"我"的活动，我们当中的很多人，这个房间里的每一个人以及千千万万的其他人，一直以来都在思考这个问题，只是尚未找到答案。

克氏：不，先生，因为我认为我们没有足够认真地提出这个问题。听着，我想找到"欧佳"（Ojai）的意义。不是欧佳谷；我说的是受托人、学校等所有的事情；它有什么作用？我一直在找寻这个答案。和你们大家讨论这个需要一些时间，但我在推进这个问题。我的推进方式是提出问题。我已经提出了问题，不是因为某人说了这个、那个或其他的什么；我想找出答案。因为我想找出答案，所以我提出问题，并把其他的一切搁在一边。你们告诉我"欧佳"、学校等十种不同的东西有什么意

7 我们必须引发自身的心理变化

义。我听了你们的话,但这个问题非常重要,它的边缘是开放的。我想知道我说清楚了吗?

提问者: 最后有关边缘的那部分不清楚。

克氏: 中心问题比你们的答案重要得多,但你们没有提出中心问题。

提问者: 中心问题是什么?

克氏: 中心问题是:"欧佳"有什么意义?所以,我问你们这是什么样的学校。因为我有两个孩子,我需要教育他们,因此,我想要一所学校。可是这是一所什么样的学校?美国有一百万所学校。

提问者: 这个我们知道,不是吗?这是我们一直在讨论的内容。

克氏: 可是,你们知道吗?还是有人告诉过你?你们说过:"我的天啊,这是唯一要做的事情"吗?你们看出它的不同了吗?如果我有一个儿子,我把他送到这些堕落的学校去上学,结果他和其他数百万美国人或欧洲人或印度人一样,我会于心难安。所以,我说我该拿我的儿子怎么办?这是一个巨大的责任。我要找出答案。所以,如果我们大家说:"听着,这很重要;我们的存在如同一所学校,不仅是一所学校,而是个人和集体在校内和校外都看到了我们心理上的变化。"那时,你会看到发生了什么——如果这真的极其重要。

如果你感觉到了这一点，那么你和我会讨论该做什么，如何处理这个孩子，他就是我。我不会去研究他的个性；他受到了制约，因为他和我一样。我必须找出这个问题的答案。所以，我的第一个问题是：我们在座的所有人，受托人和老师，我们同乘一条船的很多人，真的都感兴趣吗？不仅仅是兴趣，而是迫切的需求，是挑战，我们说我们必须带来心理上的变化，不仅是学生的心理，还有我们自己的心理，进而还有整个学校的心理变化。我向你们保证我们可以创办一所了不起的学校。那时，人们会来这里。现在，你们能提供什么？这是某种新东西；如果你们具备一些东西，他们才会来。

8

倾听的艺术也许是整个教育的奇迹

教育就是沟通，最好教育的实现途径，不是说教，而是倾听。孩子如何才能听话？安全感是第一位的保障。接纳孩子，尤其是已经不那么听话的孩子，接纳他的一切，让孩子觉得你值得信赖，愿意向你倾诉。不听话是因为有一个强大自我，不管对错，这个自我都是一个对抗力量。对抗状态下，越是正确的教育，越是一种继续否定的力量。

克里希那穆提（克氏）：如果可以的话，我想展开一场有关什么是正确教育的对话；是否有可能培养理解力、感知力——这不是智力；以及思想的地位是什么；是否能够破除人类思想所受的制约。

或许是不幸，或许是幸运，一个人会和很多学校产生联系，显然，破除人类受到的制约是最困难的事情之一，人类的思想通过惩罚和奖励得到了训练、教育和进化。目前我们在欧佳谷很小的范围内开办了一所学校，我们想知道是否有可能教育5岁到12岁的儿童。我们主要的关注点是心理上的变化，也就是说要破除思想上的制约，并找出这是否是正确教育的意义，我们要如何入手。我想对此展开讨论。

人们有可能在堕落的世界中生存吗？在这个世界中，人们并不真的关心他人。我们要引发学生的心理变化，不是作为一种想法或一种理想，而是切实的变化。这意味着教育工作者必须破除制约吗？还是教育工作者必须解放自己和学生，作为彼此之间的一种内在关系？与此同时，你还要给学生学术背景，这有可能吗？今天下午我们可以考虑如何实现这一点吗？不是通过一种方法；方法显然意味着制约，意味着体系，意味着某种一致的模式。那么，要如何做到这一点呢？

这要取决于环境吗？这要取决于父母吗？这要取决于你的学生的品质吗？这要取决于教育工作者吗？感受到对此事的责任，进而去创造一种氛围？不久之前，我们在印度尝试过这件事，我们和家长和学生进行了交谈。由于印度整体的经济背景和社会背景，这件事变得非常不可能。由于人口过剩，他们只关心能得到一个好的职位，能结婚，能有一所房子，能有孩子，除此之外不要卷入其他任何事情。在英国的布洛克伍德公园学校，我们尝试了一种不同的教育方式，就像我们在这里做的尝试一样。那里的学生年龄较大，他们来校时已经受到了严重的制约。如果他们是美国人，他们会有美国式的背景。很多人来自欧洲或南美洲，每个人都有一种结论，一种道德，一种想法，那就是：自由是去做你想做的事情，拒绝接受权威——这从某种意义上来说是好事，然而，如果你不明白权威的全部意义，这是有害的。

所以，如果我们真想抛开技术方面、学术方面的教育，深入探讨真正的教育是什么这个问题，那么我们会有一个巨大的问题。我们必须问人类是否有可能接受真正的教育，几个世纪以来，人们受到了各种制约，人类的整个头脑构造是不惜任何代价生存下去，人们想要自由，想通过个人以自我为中心的活动做自己想做的事情。所有这些都是我们所遭遇的。我们想在这里创办一所学校，来校的孩子、学生已经受到了制约。我们要如何接见那些学生，用口头方式和非口头方式，把我们的意图传达给他们？我们不是要非常清楚什么是正确的教育吗？因为我们很清楚，尽管我们也许没有破除制约，但在我们与学生的关系中，教育工作者和被教育者双方都能够破除制约吗？对此，我们要如何入手？

首先，人们必须理解什么是安全感；因为大部分人在心理和生理上都需要安全感。如果学生在自己与教育者的关系中没有感受到安全感，这时，趋同性、模仿、权威等问题就会乘虚而入。所以，我们应该首先考虑安全指的是什么？拥有绝对的安全是什么意思？因为这是学生想要的东西。他们在家里没有得到；他们在与其他同学的关系中没有得到。我们可以给他们绝对的安全感吗？这意味着他们会有绝对的信任。不是"我比你懂得多，所以相信我"，或"我会照顾你，保护你，所以相信我"，而是要让他们觉得他们可以依靠你，这种感觉存在于他们与你的关系中，他们觉得非常安全，所以他们自由了。不是去做他们想做的事情，而是这种非常安全的感觉让他们产生了冲劲，感到了自由，感到这里的人真的关心他们。我认为这是我们应该考虑的主要问题之一。很抱歉，我一直在说。这是一场对话。

提问者： 不安全感导致了制约吗？这是您要表达的意思吗？

克氏： 不。不，我们必须小心使用"安全感"和"不安全感"这两个词。在我们深入探讨是什么制约了思想这个问题之前，我想我们应该先审视一下"安全、可靠"这些词的含义。你们一定已经注意到了，孩子需要安全感；你们是教育工作者。这种安全感以保护的形式出现，任何睿智的孩子都会拒绝这种保护。如果他心中有数，他会说："看在老天的份上……"但他必须有所保护。

提问者： 你所说的安全感是和爱一样吗？

克氏： 不全是。我们现在就来深入探讨一下。先生，如果一个人没有感受到可靠、安全，他的大脑便无法高效运转。大脑会在某些神经质的信仰中找到安全感；所有的信仰都是神经质的。所以大脑在幻想、国家、"上帝"、"我是天主教徒"、"我是印度教徒"、我是这个或我是那个中，找到了安全感；这些都是幻觉。大脑需要安全感，坚持要有安全感，因此大脑会选择某个特定的幻觉，依靠它，感受安全。它也许是家庭，也许是地位等

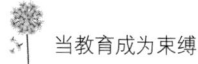

学校每个月都会安排很多无用知识的学习课程，比如西南之旅，野外集会，音乐会，艺术展等等。

等。大脑在这个幻觉领域之中教化自己。对吗？你们接受这种事情吗？不是"接受"；你们看透其中的真相了吗？一个天主教徒会在教理、基督等东西中找到巨大的保障、确定性和安全感；不仅是身体上的安全感，还有精神上的安全感和经济上的安全感。在意大利，我必须是一个天主教徒，因为这样有人付钱给我；我能找到工

8 倾听的艺术也许是整个教育的奇迹

作等等。

那么，我们作为教育工作者，能给予非幻觉的安全感吗？这个词指的是什么？你们知道，如果一个孩子在家里没有安全感，如果他的母亲或父亲离开了他，或把他送到了一所寄宿学校，或只顾着他们自己那些麻烦的问题，这个孩子在自己与父母的关系中感到不确定，就像在一场破裂的婚姻中等等。这种不安全感会创造出各种幻想，造成各种神经质的活动。这点已有证明。我认为我们可以把这看作是事实。而大脑必须有绝对的安全感，只有那时它才能发挥作用。所以，我们能提供这种安全感吗？或者说能帮助他拥有这种安全感吗？这种安全感并不依附在任何信仰之中，比如："我是个美国人"，"我是个英国人"，"我是个天主教徒"，"我是个共产主义者"。这些都是幻觉，并非现实。

提问者：先生，您是说安全感并不依附于信仰吗？

克氏：啊，我们只是其中的一部分。先生，对你来说，安全感意味着什么？

提问者：没有恐惧。

克氏：是的，我们继续；没有恐惧，没有……？

提问者：依赖。

克氏：再问一下，你所谓的依赖指的是什么？我依赖着什么？我为什么要依赖？人们为什么要依赖？孩子为什么要依赖？他必须依赖，但那种依赖会逐渐转变为依附，因为害怕独自一人。我依附你，我紧跟着你，因为我的内心害怕独自一人，害怕孤独，害怕分离。

提问者：克里希那，对于年幼的小孩子来说，这种依赖健康吗？小孩不就是依赖他人的吗？他不会区分神经质的依赖和……

克氏：这正是我要说的。我们能给他安全感吗？不是依附，不是以上例子中的信仰等东西。我想知道我是否向你们传达了一些东西。

提问者：对于年幼的小孩子来说，会有很多依赖，安全感纯属是身体上的，只要感觉完全像在家里一样。

克氏：不，身体上的安全感会逐渐转变为心理上的安全感。

提问者：以后吗？

克氏：我不确定。不要说以后；身心是相互关联的。

提问者：会同时发展吗？

克氏：会同时发展。来看看这个，你们就会明白了："这是我的玩具"，"我的母亲"。你们知道这些情况。所以身心是相互关联的。我不认为可以把它们区分为身体上的和心理上的。它们都在运转。告诉我，先生们，对你们来说什么是安全感？

提问者：是自我价值感吗？

克氏：自我价值？这意味着对某人有信心吗？这会让你感到安全吗？

提问者：看上去确实会。

克氏：这不是有分离性和区别性吗？因此会有矛盾感。

提问者：它会给你能量去追求一些东西。

克氏：我对自己有信心，因为我能写书，能赚钱，能绘画、能做任何事情？一个人为什么应该有信心？

提问者：为了去追求想法。如果你不相信它，或不觉得它物有所值，你也许不会有力量继续下去。

克氏：对某人有信心，这难道不是一件危险的事情吗？

提问者：如果太过极端，是危险，我想那会非常糟糕，但在一定程度范围内，却会混合其中。

克氏：这不会培养出以自我为中心吗？在我的自信中有安全感吗？

提问者：先生，在一个年幼的小孩心里，一切都是以这个孩子为中心的。整个世界都要围着这个孩子转；围绕着"我，我，我"。

克氏：这正是我要说的，先生。安全感存在于"我"之中吗？

提问者：我认为在年幼的孩子心里，是的。

克氏：所以你强调的是以自我为中心，自私的活动，这正是这个世界正在做的事情。

提问者：但这对于一个年幼的孩子来说，很正常，不是吗？

克氏：是很正常，我们承认这一点。我们现在正在努力找出如何打破这种结构。

提问者：可是，如果对于年幼的孩子来说，在某种程度上，这是健康的，因为他还很小，他只能理解自己是世界的中心，那么，试图在那个年龄打破这种结构是个好主意吗？

克氏：不是，我同意。等一下，我们都是在理论上进行讨论。你有个儿子，他的自我开始成长，变得非常重要，而你告诉他要对自己有信心，要相信自己能做这个或那个，你告诉他他会成为美国总统。上帝保佑。那

8 倾听的艺术也许是整个教育的奇迹

么，你是在破除他思想上的制约，还是在鼓励深化这种制约呢？

提问者： 也许我们应该明确这一点。

克氏： 先生，我是个画家，我为什么应该对自己有信心？我画画。

提问者： 对我来说，安全感就是完整感。

克氏： 是的。我本不想用这个词，因为那样的话人们会深入探讨什么才是完整的这个问题。

提问者： 可是，如果你感到完整，你一定不会以自我为中心。

克氏： 你们知道，思想本身是有限的，因此是支离破碎的。思想本质上是有限的，支离破碎的，我们的教育培养的想法是："要对自己有信心"；"你比某某强多了"等等。

提问者： 先生，我认为我们覆盖了整个童年的太多部分。

克氏： 好的，先生，我们来考虑一件事。孩子来到你身边时已经受到了制约；受制于恐惧，想要安全感，想要像团伙中的其他成员一样，想要暴力等等。他像这样来到你身边。你要如何教育他或帮助他成为完全不同的人，成为完整的人？

提问者： 可是这个孩子和我们没有任何不同，因为我们就是那样的。

克氏：这些我都知道，但是作为一个教育工作者，如果你对破除制约感兴趣，对帮助孩子成为完整的人感兴趣，你会如何着手？

提问者：首先要做的其中一件事不是要意识到这种制约确实存在吗？

克氏：我要如何意识到他受到的制约和我受到的制约？我要怎样才能意识到？你知道，正因如此，我才不想太过扩大规模。我们假设我们有15个男孩和女孩。他们来时受到了恐惧的制约，他们想要自由，没有权威却想要权威，想要取悦你等等。所有这些都是社会方面、经济方面、文化方面的制约。我也受到了这些方面的制约。那么，我要如何帮助他们和我自己解除制约，结束制约——如果我们想要那样的话？这样他们才能成为完整的人，这样当他们离开我们时，他们是完整的，不是支离破碎的。如果这是我们想要的，我们该怎么做？我们该如何着手？

提问者：如果您指出这些问题是国家、各个宗教等诸如此类东西所固有的，那么下一步无疑是自我感。那也是幻觉。

克氏：他们对于所有这些一无所知。他们不知道原因，大脑还未发育完全等等。那么，你们要如何面对这组

5到12岁的孩子？

提问者：如果我们从安全感着手，那么这种东西无疑来自孩子与老师之间的关系。

克氏：你所谓的安全感指的是什么？我们先盯住这一件事情。把它解决掉。

提问者：这很重要。

克氏：这很重要。我觉得它非常重要。那么，你要如何给这些5到12岁的孩子以绝对的安全感呢？

提问者：通过让自己成为值得信赖的人，这样你永远也不会背叛孩子。

克氏：他们甚至不知道这是什么意思。

提问者：但他们能感受到，他们能感觉到。

克氏：那么，你要怎样才能有那种感觉？这样吧，先生。你和我还有我们当中的几个人将会成为这里的老师。你要如何创造这种感觉？

提问者：我想说，对于5岁的孩子，安全感是孩子整个生活环境中的一部分。随着他的成长，随着他长大，他会具备某种可以依靠的内在力量。之后，随着概念水平的发展，他开始面对一些事情，他知道他不会被推挤得失去平衡。

克氏：先生，这是什么意思？我们再来深入一点。你有一个5岁的孩子。你会时常陪伴他。你想在那个孩子心中创造一种可以完全信任你的感觉。你要如何带来这种感觉？比如他可以在身体上、心智上、道德上、精神上依赖你，能有好的品味和审美感等等。

提问者：早些年您不是说过是氛围在创造和谐感吗？

克氏：你要如何创造这种和谐？孩子就在那里。你要如何创造和谐感？

提问者：在很大程度上，难道不是由那里的人们之间的关系来创造和谐感吗？

克氏：对此我想重新思考一下。

提问者：我认为孩子在人们之间收获友谊、开明和放松的速度比成人快。

克氏：等一下。他和我是那所学校的老师，但他不喜欢我的品位。他不喜欢我的衣服，我的书，我的样貌，我的远见。我要如何与他合作为那个孩子带来这种氛围？那个老师比我睿智得多。我有点浪漫，有点敏感，他不是这样。所以，不论是有意还是无意，在他和我之间已经有了紧张感。那么，我们二人要如何创造这种和谐的氛围呢？我们一起吃饭，一起交流，但内心却感觉，你知道，"我比你更优秀"。

提问者：显然，在成人之间，敏感性是必不可少的。

克氏：这是我正在面对的一个现实。

提问者：人们的区别不应带来紧张感。

克氏：啊！那么是什么把他或我或你集合起来讨论这件事呢？我认为必须有所不同，这是基本的东西。

提问者：您是说尊重吗？您是说老师正在向学生传达他尊重他吗？

克氏：不。你刚才说必须有和谐的氛围。事实是那里没有和谐；当我们6个人聚在一起时，我们并不和谐。当现实中不存在团结或和睦时，你要如何带来这种感觉？我的问题是：什么把我们召集到这里？召集到这所学校等等？什么把我们聚集在一起？

提问者：希望有一所学校是大家共同关心的问题。

克氏：啊，当心，先生。这意味着是一个想法把我们聚集在一起。

提问者：不，没有什么想法。我们只是关心教育。

克氏：是的，这意味着什么？如果你愿意的话，你必须非常深入这件事。我来这所学校当老师是因为它是概念性的投射吗？我来欧佳谷是因为我相信你们正在做的事情吗？

提问者：在某种程度上是的，克里希那。我是说，如果你要运营一所军校，也许没人会来这个房间。

克氏：啊，不，我想从根本上说明这个问题。否则我们就离题了。

提问者：是孩子。你们来这里是为了孩子。你们来

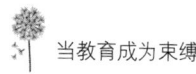

这里是为了孩子们。

克氏：我来这里不是为了孩子。

提问者：可你是个教育工作者。

克氏：不，你看，我想搞清我为什么来。你说我来是为了孩子。我说我不确定我来这里是为了孩子。

提问者：你为什么来？

克氏：我们来找出答案。我来是为了孩子吗？我来是因为我没有其他工作吗？

提问者：先生，当有人来时，我们会把这些问题摆出来。

克氏：我现在正在做这件事，先生，但不是当有人来的时候。我在这里。我来到了你们的学校。我为什么来？如果我是共产主义者，我来你们的学校是因为我想让这些孩子成为共产主义者。

我来这里的目的非常明确。我来这里是因为我发现人类必须有一场彻底的心理革命。我是说，我们都会分崩离析，我们都会死去。所以我想我应该从最年轻的人着手，以便他们成长。这是我想要的。我来这里只是为了这个原因。

提问者：您能带来这场革命吗？还是说您期望其他人能够告诉你如何带来这场革命？

克氏：首先，我必须认识这个世界，必须意识到这个世界正在发生什么，它是多么有害等等；必须意识到我是这个世界的一部分，只有在这个世界是我，我有所改变的时候，才会发生一些社会变革或政治变革。这很简单。所以，我们可以说我们聚在一起不是为了一个理想吗？你们能够轻易认同这一点吗？

提问者：对我们当中的很多人来说，这场心理革命本身不是变成了一个理想吗？

克氏：不，它是现实。现实绝不是理想。那棵树绝不是理想；它是一棵树。等一下，先生。稍等一下，这就来说一说。"想法"这个词在希腊语中意为"看到"。"想法"这个词指的是"看到"——不是我们编造的东西，不是我看到，然后我把我看到的东西画成抽象画，而后这幅画变成了想法。所以，我来时没有带一个理想。我来时仅带着现实；现实就是这个世界几千年来一直以某种特定的模式运转着，而这种模式是有害的，不仅对自然有害，对一切都有害；除非人类发生极为深刻的心理变化，这个世界将会……等等，等等。这是现实，这不是理想。

提问者：当您看到这种情况，一定觉得很紧急，在我看来，不是口头上的紧急。这是一个紧急事件。

克氏：是的，是很紧急。

提问者：您必须找到一种应对方法，如果您不这样，您只会继续遇到其他的状况，而这些状况都无法解决这个问题。我很清楚这一点。

克氏：在我们继续往下讨论之前，先生，我想明确我们都看透了这一点，那就是我们不是为了一个理想而聚集在一起。理想指的是未来才会发生的一些事情。

提问者：可以说人们聚集在一起是为了共同抵制某种东西吗？

克氏：不，不，我不会抵制。

提问者：您抵制一种状态，在这种状态中，世界和人类是……（模糊不清。应该是做记录时没有听清发言。）

提问者：您为什么提出其他的状态？

克氏：我发现沿着那条路走下去的话，你们会，我不知道，陨落。

提问者：好的，这不是抵制吗？这不是要回避那种状态吗？

克氏：不。我不会回避。这两者之间毫无关系。

提问者：从其结果来看，它们彼此之间毫无关系，但开始的动机呢，您之前问人们为什么会来这里。

克氏：啊，我没有动机。

提问者：那么，人们为什么要开办这样一所学校？

克氏：我正在讲这个问题。随着人类的发展，人类陷入了险境，而我看到了这一点。所以它结束了，我不想往回走。

提问者：也许抵制指的是非您本意的某种冲突。

克氏：这不是抵制。

提问者：您避开了那条通往灾难的道路。

克氏：我走开了，因为那样很危险。然而，走开并不是一个想法。共产主义、天主教义才是想法，它们与现实毫无关系。

提问者：可是有人敢期望这样的一种环境能够改变这个方向吗？我是说，虽然它不是理想，但里面无疑存在着希望。

克氏：我没有希望。如果你们看到了一些危险，你

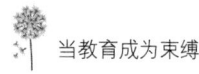

们会远离危险,对吗?

提问者:在那一刻离开。

克氏:不,不,你们会永远离开——危险就是危险!

提问者:您远离危险,而不是危险的想法。您是这个意思吗?

克氏:当然。我想知道你们是否明白这一点。

提问者:您不是远离响尾蛇的想法,您是远离响尾蛇。

克氏:响尾蛇不是一个想法,它存在于那里。我不会说"我希望它别咬我",我只会离开、跑开或做点什么。我想这是一个很基本的事情,先生,换句话说,我来欧佳谷是因为我想实施我拥有的一个想法吗?所以,对我来说,这个想法和实现这个想法变得非常重要;如果你没有同样的想法,我和你之间会有紧张感,而学生或孩子会感受到这种紧张。所以我必须非常明确我来这里不是为了一个理想。

提问者:我认为这是某种极为基础的事情,在某种意义上,也许我们大多数人都有我们称之为态度的东西。

克氏:不,请专注于这一件事情,并由此延伸下去,否则我们会不停地兜圈子。我是带着理想来到这里的吗?理想是非现实的。理想绝不是现实。现实就是现实。

提问者:你是说人们应该有这种易变性,此时此刻

8 倾听的艺术也许是整个教育的奇迹

都要按照你的思路走吗？它的出现没有……

克氏：不，女士，我正在努力找寻我们这组人为什么会作为老师聚集在欧佳谷。如果不能明确这一点，我们将会把事情搞砸。我来是为了一个理想吗？共产主义者有理想，天主教徒有理想；人类通常都有某种幻想和非现实的想象。你们也许有，也许没有。那么，我来这里是为了实现我自己吗？还是说我来这里是为了实行某种特定的教育体系？还是说我来这里首先是因为我看得非常通透，事实上，"绝望"正围绕着我——"绝望"加引号——堕落正围绕着我？因为我有个儿子，我说我必须把他从毁灭中拯救出来。这是我的兴趣。我没有理想。我说："我想让那个孩子成长得非常睿智，以便他在成长过程中能够面对一切。"所以我想破除这个孩子所受的制约，来自我，来自社会、来自文化、来自当前所有腐败的制约。

我们能有 10 个人或 5 个人来这里只是因为我们看透了现实吗？现实、世界等等；现实是孩子必须有绝对的安全感；他必须有安全感是现实，不是想法。

提问者：安全的基本前提不是一个理想吗？

克氏：不是理想，是现实。我必须有安全感，食物，衣服，住所；否则我的头脑会分崩离析。如果我没有合适的营养，合适的衣服等等，我的头脑将无法运转。

提问者：食物、衣服、住所这类安全感很容易理解。

克氏：所以我来这里是为了一些现实的原因，不是空想的、想象的、感性化的或个人化的原因：我来这里是要看到这些孩子完全破除制约，成为不同的人。这首先意味着我要在身体上、精神上、道德上，给他们一种他们在这里绝对安全的感觉。现在，我要如何把这种安全感带到我们当中和学生当中？

提问者：合理的界限。如果你能有合理的界限，这会给人以安全感，特别是对年轻人而言。

克氏：哪里的界限？

提问者：行为和……

克氏：啊，啊。你立刻有了界限，你限制了行动。

提问者：你可以不断扩展这些界限。

克氏：这意味着时间，这意味着进取的整个想法和幻想活动。我很抱歉，我不能对此放任不管。房子着火了！你不会说："我们坐下来谈谈这件事。谁放的火，是黑人、白人、紫人、黄人还是有胡子的人？"我们会联合起来把火扑灭。

那么，回到之前的问题：我们能让自己感觉到我们在这里绝对安全吗？我们要深入探讨一下吗？首先，如果你们要深入探讨这个问题，除了能够提供切实安全感的物质上的必需品以外，比如衣服、食物和住所，还有让成人感到安全的东西吗？除此之外，在我的关系中、思想中、道德中、态度中、结论中等等，有安全这种东西吗？我也许得出了某种结论，而你一分钟后就推翻了这个结论。如果我很睿智，我明白了你的意思，我会接受你的结论并推翻之前的结论。可是，在任何结论中有安全感吗？在任何关系中有安全感吗？比如丈夫、妻子、儿子、女儿等所有的关系。在关系中，我想有安全感，因为如果关系中没有安全感，我会感到茫然若失。或者我会说"好吧，我会变得疏忽而冷漠"，我每隔一天都会更换伙伴，反正目前也是这种情况。

我不知道你们是否想要如此深入地解决这个问题。就我个人而言，这是我唯一的出击方式，我会刨根问底到最深层的地步，而不是浅尝辄止。所以，对我来说，这里没有安全感；那里有绝对的安全感。我的头脑接受了这些——不是"接受"，我的头脑说："就是这样。你一直在这里、那里、这里、那里寻找安全感。你真傻，你还没找到。所以，任何地方都有安全感吗？"没有，所以……（笑了）

现在，我想把这点传达给我的儿子或女儿。他们可能无法理解这些。他们会说："什么呀……你这个疯子！"所以我想传达这些，不是作为想法，而是作为现实，就像坚实有形的山脉一般。我要怎么做？因为人们寻求的安全感已经变得不明智了。成为天主教徒、共产主义者或印度教徒等都是不明智的。鉴于没有安全感是明智的行为,所以明智是最为绝对的安全。不是不明智。我想把这些传达给我的孩子们。我该怎么做?因为这是我想让他们找寻的东西。我想让他们以那种方式生活。不是"我想",这是唯一的方式。那么,我该如何传达这一点?

如果我是这所学校的一部分,是教职员工的一部分,我会以那个问题开始,我会问:"看到人们寻找的安全感,人们投入全部精力去做的事情,并不是安全的事情,这是你们和我想要的吗?"如果我们所有人都能把这个问题看得非常清楚,那么我会说:"现在,我们要如何把这些传达给5岁到12岁的学生?"

我可以继续吗?首先,我想让学生听我说。我说什么并不重要;我想让他听我说;也就是学习倾听的艺术。他不具备这种艺术。他思想不集中,他很吵闹,他很粗暴、焦躁不安、玩世不恭。我想让他学习的第一件事是如何倾听。你们要如何着手这件事,让他自愿地想要听你说话?你们会怎么做?

提问者: 首先,你得有一些要说的东西。

克氏: 不,不。很抱歉。倾听的艺术,不是我在说什么,我要说什么稍后会讲,但他必须知道什么是倾听。

8 倾听的艺术也许是整个教育的奇迹

你们要如何着手这件事？

提问者：先生，他不听讲引发的任何活动都会在你和这个孩子之间造成冲突。

克氏：我同意。焦躁不安、喧哗吵闹、推推搡搡、淘气恶作剧：他就是这样。然而，他必须学习倾听的艺术。

提问者：先生，这是一种想法，对吗？

克氏：不，你看，你把它理解成了一种想法。我说"听着"，可是他不听。那么，他要如何学习倾听？不是作为一种想法。对此你们要如何着手？

你们知道，他必须学习——不是"必须"；好吧，我会尽快使用"必须"这个词——学习倾听的艺术、观察的艺术、学习的艺术。不是学什么、看什么、听什么，而是倾听的能力、才能和兴趣。哦，赶快，这看上去非常简单。继续往下！

提问者：他不能害怕。

克氏：不，不，我不关心这个。他也许感到害怕。我想让他听讲。

提问者：观察吗？

克氏：那个一会儿再讲。首先是倾听。观察也就是看。这些我们一会儿都会深入探讨，但学习，首先是倾听。

提问者：先生，您是说他必须在不受思想偏见干扰

当教育成为束缚

的情况下倾听吗？

克氏：啊，不，你把事情搞复杂了。他必须学习倾听的艺术。当某人说某些话时，他会倾听，因为倾听非常重要。倾听也许是整个教育的奇迹。很抱歉。

提问者：先生，要倾听，孩子必须非常安静，可他不是。

克氏：啊，不要说他必须安静。我来说明一下。我们正在学习如何带来学生内心的改变，他本来浮躁、淘气、喧闹、无礼，从不说"我必须听讲"。他没有时间，他从这里跑到那里，他忙着画些什么或在做其他的事情。让他从一开始学会倾听的艺术非常必要。

提问者：先生，当您使用"倾听的艺术"这种说法时，您是有什么特殊的含义吗？还是就是指倾听呢？

克氏：倾听的艺术。它是一门艺术。我来明确一下它指的是什么。它是一种极好的艺术。"艺术"这个特定的词汇指的是把一切都放在正确的位置上。很抱歉，我不是你的老师，先生！那么，我要如何帮助他倾听呢？倾听鸟儿，倾听波涛，倾听过往的汽车噪音，倾听我说的话、你们说的话。听。我该怎么做？因为他从未学过这个，因为他的母亲、父亲、家长们没时间告诉他去倾听。只有在他们愤怒、生气的时候，才会告诉他去倾听。所以他封锁了听觉。他封锁了，他不会倾听。我要如何帮助他？因为我认为，你们也一定认为，倾听在教育中是基本的、本质的、必不可少的东西之一。来倾听音乐。听。

先生们，如果你们认为这很重要——不是"认为"——如果你们看到了倾听的必要性，你们会如何去做？我走向你们，说："倾听是基本的教育元素，是基础，不是'三个 R'（三个 R 指的是尊重自己，尊重他人，对自己的行为负责），这些是基础的东西：倾听的艺术、观察的艺术、学习的艺术。"我对你们说："解决这个问题"。现在，你们要如何解决这个问题？你们说："天啊，其中确实有道理。我想搞清该怎么做。"你们会怎么做？

提问者：先生，"什么什么的艺术"这种说法让我很不安，因为这意味着这里存在学习的系统秩序。

克氏：不，不，不。先生，正如我刚才所说，这个孩子到处乱跑、焦躁不安、喧哗吵闹、玩世不恭、无法集中注意力，你走过来说："听着。"你想帮助他去倾听。

提问者：我觉得我应该先听他说，一直听他说。

克氏：啊，不，不是听他说。你把这件事搞得太……他会对我说什么？请不要把这件事搞复杂，它非常简单。如果我们觉得让他学会倾听在教育中非常重要，因为你们会告诉他一些深刻的东西、真实的东西或虚假的东西，他必须倾听才能搞清楚。这意味着他必须尊敬你们，他必须关注你们所说的内容或将要说的内容。他必须把所有的精力放在倾听上，要去倾听，因为你们也许正在讲绝对的真理，如果他不知道如何倾听，他听到的只是一些语句。那么，你们要如何帮助这个学生？

来吧，先生们。我知道我会怎么做。但我不想告诉你们，因为……来吧，先生们，和我一起想办法。

8 倾听的艺术也许是整个教育的奇迹

你想让你的儿子听你讲话。你想告诉你的儿子你爱他，当你说这些话时，他必须听你说，对吗？当他正在追逐蝴蝶或很吵闹或正在玩耍的时候，他无法听你说话。你想告诉他"我爱你"，你想让他听到这些。不是听到这句话，而是听到话里的深意，话里的内涵，感受到你深深的爱。你要如何帮助他听你说话？因为当你对你的儿子说"我爱你"时，你是非常认真的。它不是一句标语口号或是很随意的事情；你想让他知道你对他有极为深厚的感情。

先生们，我曾在孟买讲过话。那里有七八千人，还有孩子，他们都非常安静。他们甚至一动不动。我只是告诉你们这件事，对此并没有个人的针对性。无论是有两千人，五千人，八千人或是几个人，这种情况发生了。为什么会发生？因为发言人在讲话时是严肃认真的。所以当我对我的儿子说"我爱你"时，我是非常非常认真的。可是他不停地玩耍、跑动，直到倒在了床上，所以他没机会听。所以我必须为他创造倾听的时机。我对他说："请停止玩耍15分钟，过来坐到我旁边。坐下，握住我的手。"所以，我创造了让他有倾听能力的时机和场合。当我在这种场合下告诉他我爱他时，他知道我是认真的。因此这里有着极深的融洽。我对他说："现在我们要创造一种你能够静静地坐着倾听的场合。"我在上每一节课之前都会这么做。所以我们创造了一种场合,在这种场合中,学生们会觉得:"天啊,我必须听讲。"

毕竟,这是冥想的开始。冥想是我们正在谈的全部事情。随后由此引出了观察的艺术。我可以继续下去。这是没有止尽的。

先生们,在你们大家的帮助下,我们能在欧佳谷实现这一点吗?你们知道,培养倾听的艺术、观察的艺术。这是个完整的事情,不是碎裂的片段。它是完整的。

那么,这次讲道结束了吗?

你们以前听过这个故事。有一位老师每天早晨都会给他的门徒讲道。一天,他走上讲坛,就在他刚要开始讲道的时候,一只鸟飞来、落下、开始歌唱。他们倾听着鸟儿的歌唱。这只鸟飞走之后,老师说:"今天早晨的讲道结束了。"

9

你要如何赢得信任?

不是赢得孩子的信任,而是孩子就是相信你。我们能提供一种让孩子没有心理困扰,甚至没有生理困扰的教育吗?我们能为他们提供极大的安全感吗?只有在他们真正信任你时,自由感才会出现,他们才会不怕你。

给他们一种他们可以信任你的感觉——有关他们的丑恶、他们的性事、他们的愤怒、他们的一切。他们可以信任你,这会在他们的关系中带来极大的自由感。

提问者：先生，我们可以深入探讨一下学习的艺术吗？近期一项对在学术方面表现出色的孩子的背景进行的调查研究发现，他们的背景有一些相似之处。他们都在非常简单的地方学习，一开始并不突出。也许在讨论学习的过程中，我们可以讨论一下学习的环境。

克里希那穆提（克氏）：学习指的是什么？学习的过程是什么？是记忆吗？是积累信息，积累各种各样的不同经验吗？是积累有关宇宙的知识以及宇宙中万事万物的知识吗？是积累信息，获取大量有关"人类的升华"，有关科学、考古学等学科知识的过程吗？我认为我们应该找出学习的含义，对吗？如果我是一个教育工作者，我要教给学生什么呢？学习读写吗？通过应用，通过努力获取越来越多越来越多的知识锐化他们的头脑吗？以便他们在进入任何领域后都能够有娴熟的反应。我认为找出我们所说的学习是什么意思非常重要。学习的意义是什么？变成教授吗？变成商人吗？去非洲教化人们信仰基督教吗？在学习背后付出的所有这些巨大的努力有什么意义？先生，你将会教导那些孩子。你所谓的教学指的是什么？

提问者：在我看来，您刚才所描述的获取信息至少是学习的一种。那样做的意义有一部分是为了赚钱谋生，有一部分仅是为了应对生命中出现的各种挑战。

克氏：是的，先生。当你说你在教学的时候，你是在给他们提供信息，对吗？

提问者：这必然是学习的一部分。

克氏：那么，其他部分是什么？你会说其他部分是理解或学习生命的全部意义吗？

所以教学包含两件事：帮助学生获取技术知识，以便他们能在这个腐败堕落的社会中赚钱谋生；此外，你还要教导他们生命的全部意义。这两者是相互独立的吗？我只是提问，我没有定论任何事情。这两者是相互独立的吗？

提问者：它们必然是独立的。大部分学生掌握了基本的学术技能，但却没有学到任何有关生命完整性的内容。

克氏：那么，老师的作用是什么？你在教什么？二者都有吗？还是你只重视其中一方面，而忽视了另一个方面。

提问者：应该是二者都有。就我自己来说，我想为大多数教育工作者设想一下，他们也许知道一些技术方面的东西，但是当说到生命的完整性时，他们的理解是非常有限的。

克氏：不是大部分老师和教育工作者只关心技术方面吗？不论是幼儿园老师还是大学教授。就算他们教授的是哲学、心理学，也根本不会指向人类的变革，而只会获取些知识。所以这全是收集知识的过程。这是老师的作用吗？我只是在提问，我对此表示质疑。

前几天我们讨论了倾听的艺术，观察的艺术和学习的艺术，如今，有人提出了学习、学习的艺术是什么这个问题。我们刚才说在当今的社会结构中，老师的作用显然是教授学生知识、技术、心理学、宇宙学和宇宙；让学生积累尽可能多的知识，以便他们在今后的职业生涯中能够娴熟地应对。这是老师或教育工作者的作用吗？这里面含有两个问题：什么是学？什么是教？

提问者：我听说有关教学情况存在两种观点。一种观点是学生是张白纸，老师的工作是写满这张白纸；另一种观点是学生已经什么都知道了，只是所有的东西都被遮盖住了，老师的工作是揭去遮盖物，帮助学生揭去遮盖物。这些观点似乎创造了不同的教师角色。在第一种情况下，你要向空空如也的学生灌输更多的知识或信息。在另一种情况下，它几乎是……

9　你要如何赢得信任？

克氏：唤醒？

提问者：是的，某种唤醒。我们西方的教育全部以老师向学生灌输知识为基础。

克氏：目前在东方、印度、日本、中国也是如此。就连共产主义者的世界中，也是在向学生灌输知识，以便他能调整自己适应社会，竞争最好的工作等等。这种情况遍布全世界，至少据我所知，据我观察是这样。

提问者：您也可以谈谈孩子来到这个世界时拥有全知意识，只是后来这种意识被遮盖住了。

克氏：可是，这是真的吗？

提问者：对我来说，这种想法很有力量。

克氏：啊，不。这是现实吗？这不是你和我喜欢或不喜欢的事情。孩子不需要任何信息吗？因为他已经掌握了一切？你正在假设一种很可怕的命运，不是吗？

提问者：是的，我自己有过一些经历，对我来说，这些经历让它成了现实。但它确实假设了一种很可怕的命运。

克氏：先生，很抱歉。以某些人为例，比如巴赫、莫扎特或贝多芬。在他们的生活中，他们是绝世之才。虽然他们只学了一点技术，但却一点即通、才华横溢。每个孩子都是如此吗？如果是这样，那就太棒了。

提问者：在我看来，他们拥有的不是太多有关如何

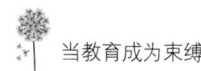

演奏音乐的特殊知识,他们拥有的是某种能力。

克氏:啊,你说在孩子和学生身上存在某种能力。那么,你是想说老师或教育工作者的作用是培养那种能力,将它发挥到极致吗?

提问者:是的。

克氏:这意味着教育工作者必须非同寻常地唤醒每个学生的能力。

提问者:是的,我就是这个意思。

克氏:很多年前,我们在印度讨论过这个问题。这意味着要有超乎寻常的教育工作者。他必须照看学生,他必须和学生关系融洽,学生和他的关系必须是对他非常信任,学生和老师在一起时要有绝对的安全感。所有这些以及更多的东西都隐含其中。

提问者:是的,确实如此。

克氏:所以,这里包括学、教和唤醒。也就是说,教学意味着给学生提供信息,以便他能够根据自己的能力利用这些信息;以及唤醒这种能力,将它发挥到极致。对于学生来说,要做到这一点,他必须感受到绝对的安全和信任,并感觉你是他的导师,你在全身心地照顾他。

那么,我们首先应该关注教育工作者是否能建立教学关系和极大的信任关系吗?我们在欧佳谷可以做到吗?我们要如何进行?在我们深入讨论这个问题之前,

9 你要如何赢得信任？

你们还要看一下什么是学习吗？不是你们学什么——数学、地理——而是学习的行为是什么？

请原谅我，可是有学习这种东西吗？学习通常是指积累，通过这些积累，你或者反应娴熟，或者不太娴熟。我想问的是学习是否能够积累。这样学习会变得机械化、重复化，让人厌烦，感到无聊，从而借助饮酒、性行为、消遣娱乐、宗教等逃避现实。我想问是否存在与积累完全无关的学习？

提问者：我把学习理解为一系列的实现。

克氏：还不明白。等等，等等——我们正在翻过这几页。

提问者：学习不是意味着过去发生的某种事情，现在对我来说已经不真实的东西吗？人们学到的东西尚留有余香，它存在于背景之中。

克氏：现在的教育是积累知识，并按照这些知识去行动。知识，过去的东西，娴熟的反应等等。我想搞清楚这种积累式的学习究竟是否有必要。我一周左右能够学会骑自行车，这变成了快速的习惯。我两周左右能够学会驾驶汽车；或是在三个月内学会一种语言。这些都是积累的过程。我说的对吗？如果我没有学过，我不可能突然会开车了。

提问者：不过还是有你知道如何驾驶汽车的那一瞬间。

克氏：那一瞬间是在你教过我之后。我不可能一上车就能把车开走。

提问者：所有行为可以被看成是一系列不是积累的瞬间。

克氏：啊，不，这是一种理论。事实上，要学习一种语言，你必须经历所有语法方面的问题。你受到了拉丁语或希腊语或意大利语的轰炸，你的头脑受到冲击，开始非常快速地吸收。

我想深入讨论这一点。我想问除了学习技术以外，学习究竟是否有必要。如果我要在计算机领域发挥作用，我必须知道一些相关的技术；我不可能去那里拆掉所有的东西。所以我必须学习；我必须观察、倾听你要说的话，必须立刻全神贯注地去做这件事。所有这些都意味着我必须获取一些计算机的相关信息。我得到的相关经验越多，我创造的新东西越多。或者说，我也许不需要经验，但在听过你的话之后，我忽然理解了一些有关计算机的东西。所以我必须学习一些计算机的相关信息。这是学习的一种形式。还有其他形式的学习吗？你除了教我建筑学以外，还会教我什么？我是你的学生。你会教我什么？

提问者：我生活的方式，我解决问题的方式，我接人待物的方式。这些信息都在那里，我随身携带，我赖

9 你要如何赢得信任?

橡树林学校 2016 年毕业生合影

以生存,这些都在那里供学生领悟。

克氏:所以,你变成了我的榜样。我不想让你成为榜样。

提问者:没关系,你不必选择它,但它就在那里。

克氏:不,不,你要教什么?这是我想得到的答案。如何生活?你要根据你的想法,根据你的领悟,根据你的对策、反应和观察方式教我如何生活吗?你是要教我所有这一切吗?

提问者:我不知道我是否会说我要教你这一切,但这些影响就在那里,它们来自我的想法,它们来自我所受到的制约，它们来自我的文化。这一切就在那里，学生会看到这些，也许会去学它们，也许不会。

克氏：可是，我从你身上学习，全都一样。这是积累知识的一种形式。我喜欢你，所以我接受你所说的一切。我为什么要向你学习有关生活的东西，如何去生活？

提问者：我猜是因为我们没有人真的知道这个答案。

克氏：不，先生，我想问一问，我想深入探讨。我想搞清学习是什么。

提问者：也许从老师的角度来看，这不是一个深思熟虑的过程。老师觉得他在教授技术或教授建筑学，可事实上，老师和学生周围的一切都对学生的学习过程有所影响。学生还会从其他孩子那里学习。

克氏：但我对此表示怀疑。我也许不想向你们任何人学习。我问的是学习本身。而你却告诉我我必须向你，向很多人学习，不仅是技术方面的东西，还有生活，依据耶稣、依据教皇、依据佛陀、依据这个或那个。所以对于我该有的生活方式，你是在用你们大家的想法来填充我。我说："我为什么要这样？这是什么学习？我为什么要遵照其他人？"我不是自负，但我要问清楚。所以我必须搞清学习意味着什么。

关于我该如何生活，你根据你，根据他，根据天主教徒或新教徒或共产主义者等等，带来了你自己的所有

9 你要如何赢得信任？

观点。我为什么要学习我该有的生活方式？你们真的搞清了该如何生活吗？还是你们正在告诉我一种理想的生活方式，依据佛陀、依据毛泽东、依据上百万人？这正是我们在做的事情。天主教徒说"过这种生活"，共产主义者说"过这种生活"。我说："不，我很抱歉，我不知道你们都在说些什么，因为我不知道学习的意义。你们要教我什么？语言吗？"

提问者：先生，历经这种质疑过程的孩子是非凡的孩子。

克氏：不，我不是在质疑。不。我们开始吧。我不会接受任何权威。这并不意味着我是无政府主义者。我不会接受任何权威。这意味着我不害怕成功、失败等所有东西。我没有恐惧。我没有权威。所以我不会遵照任何人。对此我并不武断教条，我只是指出问题。那么，你要教给我什么呢？

提问者：有一些东西是事实，有一些东西是真理。

克氏：是的，你一直在教我事实。

提问者：但不仅仅是技术方面的事实。

克氏：还有什么事实？

提问者：比如，你可以向学生指明他只能从他当前所处的位置开始，不能从其他地方开始。你可以不以权威的形态指明这些事情。这不要求他们接受我。他们可以看出这些是事实，这些是真理。你可以在这一领域中讨论。

克氏：你为什么要对我指明这些？

提问者：为了帮助你？

克氏：我不想要你的帮助。我想找到答案。拜托，我不是坏脾气；我只想搞清我们所说的学习是什么？

提问者：我认为很多孩子对学习很有热情。

克氏：不，我不是在讨论孩子们。我想搞清我们成人所谓的学习是什么。

听着，我不是针对个人；请原谅我，我不是，真的。他们送我去学校。我没有从别人那里学到一样东西。我没有学到如何观察，如何倾听，如何专心，如何沉思。我没从任何人那里学到这些。毫不夸张，就是这样；我读的书与所有这些事情无关，我没有学会。现在，我对自己说：你们在这里，教我如何读书。你们教我如何看待事实。你们一直在引导我，或精细或粗略或充满爱心，但你们是在引导我。这也许是我们的文明和文化的诅咒。

提问者：克里希那，不是每个孩子，每个人一出生就处在这种形式之下吗？你走在街道上，你看到了某个东西，它在你的思想中烙下了印记。

克氏：等等，等等，等等！你试图教我什么？你试图教我保持清醒，教我要全部领悟吗？不是引导我如何

9　你要如何赢得信任？

领悟，而只是要领悟，要去看？没人教过我如何领悟。

提问者：是的，但他们教过你其他的东西。他们教过你如何打高尔夫，他们教过你如何说法语，他们教过你在那个水平上的一大堆东西。

克氏：没错。所以，我们才会说到：除了这些以外，学习是什么？当你们只强调这些，我的头脑首创了，或者说对这些不堪重负，我迷茫了。我深陷其中了。

提问者：那么，学习是自己找出答案的能力。

克氏：不，换个角度来看这个问题。你们教育我，教育一个男孩或一个女孩获取知识，以便娴熟地、智能地生活在这个世界上，我的头脑中充满了这些知识，我完了，我没有空间了。你们把这个称为学习。我对自己说，这是学习的一部分，这是学习。然而有一个领域却永远无法学到任何东西——只是在积累知识并依照知识做出反应的层面上学习。这一切听上去疯狂吗？

提问者：在学习技术和您所说的其他学习之间，没有可能还存在一个中间步骤吗？教孩子说"谢谢你"是在学习他们与其他人之间的关系。

克氏：不，我正在努力搞清什么是学习。除了之前说的那些以外，究竟是否有学习这种东西？我们没有相互理解。

提问者：除了积累知识以外，存在全然不同的学习吗？

克氏：我想说除了那些以外，没有学习。

提问者：学习和积累知识是一样的吗？

克氏：除了积累知识以外，没有其他的学习。

提问者：您是说学习是某种外在的东西，是一种影响，有一些效果，对吗？在这场有关学习的特殊讨论中，这是您要表达的意思吗？

克氏：我有一个儿子。我想让他学习法语、意大利语和数学。学习。在学习、积累之后，能够在该领域中应对自如。我想告诉他"没有其他的学习了，老朋友"，所以没有"我"的心理积聚。

提问者：没有自我知识？

克氏：没有自我知识。等一下，当心。在某种意义上，有自我知识，学习，绝不是对你自己的积累。我只知道知识层面上的自己，那些都是过去；那些过去将指引我在未来的学习。所以它不是学习，而是加法或减法。

提问者：真正的学习必须是常新的。

克氏：啊，等等，先不要引入这个议题。等等。我想学习我自己。我知道学习指的是什么。你教过我学习是积累知识。所以我积累关于我自己的知识，因为我一直在我的反应、我的妒忌、我的焦虑、我的野心、我的贪婪、我的这个和那个中，观察着自己。所以我说："是的，我知道迄今为止的自己"；当下一年到来时，我带

9 你要如何赢得信任?

着我之前了解到的自己,这些知识妨碍了我真正去理解当前正在发生的事情,因为它是我所承载的负担。所以我绝不是在学习;我是在积累。

提问者:存在不是积累的知识吗?

克氏:不,这正是我……不是知识。不要用那个词。知识指的是获取到的信息,是过去的事情;从过去来看,根据过去总结。这是你们所谓的学习。而我说这根本就不是学习。你们只是带着昨天的负担,这是在扭曲、转变、修改现在。所以,现在被过去吸收了,改变了。所以你们一直在修改、转变、加加减减。这是知识,你们在技术上的成就。

那么,我做了什么?我没有学习我自己,我只是积累了关于我自己的信息:我是什么样,我不是什么样,我应该是什么样,我不应该是什么样等等。于是我说:学习自己学到了什么?假设我5年中一直在做这件事,我学了很多。我可以继续下去,继续增加、增加、增加或减掉一些。这不是了解我自己。我也许什么都不是。哦,天啊。你看,先生,知识是指语言吗?

提问者:对我来说不是。

克氏:对你来说,它指的是什么?它指的是语言。

提问者:好吧,符号可以承载它,可以承载知识。

克氏:是的,它是一种容器。

当教育成为束缚

提问者：可知识是其深层的含义。我想这正是某个特殊事件或东西的含义与其他意义联系起来的方式。

克氏：先生，你可以说，任何人可以说"我了解我的妻子"或我的丈夫吗？当你说"我了解"的那一刻，你把那个人当作了没有生命的实体。所以当我说我了解我自己时，我没有了生命。

提问者：是的。

提问者：说你能够知道自己不是谁的时候，就不是同一回事了。

克氏：没错。你看，先生，我知道如何说一点法语、意大利语、西班牙语，对吗？我知道如何开车。我知道

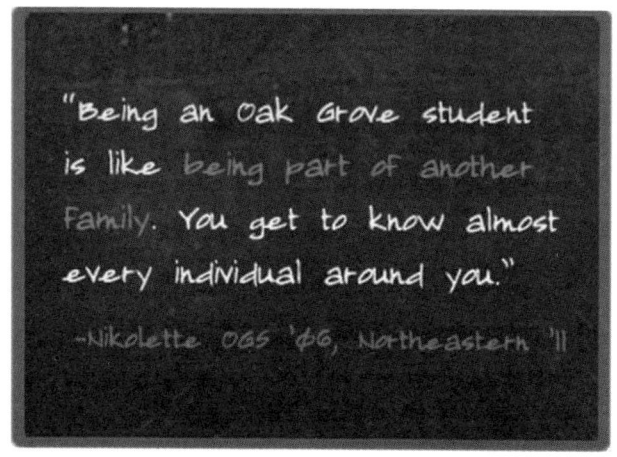

成为橡树林学校的学生如同成为了另一个家庭的一份子。你几乎会认识身边的每一个人。——尼科莱

9 你要如何赢得信任？

如何写作和阅读。除此之外，我一无所知。

提问者：非常简单的宣言。

克氏：是的。不，不，如果你深入探讨这个问题，它会变得非常有趣。你看，语言……我一无所知的那一刻，只有一片虚无。如果有什么不是虚无，那么这种东西会附着在我所写的，我所做的事上，我是多么娴熟，因此所有的损害开始了。如果什么都没有，我只是行动：写封信、说说话、或这个或那个等所有这些；什么都没有。那么，什么是学习？你明白了吗，先生？我想知道我是否传达出了任何东西。

先生，除了积累知识以外，存在学习吗？除了积累以外——不是"知识"——不要这个词，除了积累以外？我知道那是一件黄色的衬衫，因为有人告诉过我，我把它认作黄色的，因为我们都认同称其为黄色。这是学习，积累式的学习。现在，我问自己，究竟是否还有其他种类的学习。我问自己。我说"是的，那是个毕加索，是个尤特里罗（Utrillo）或是个梵高"等等。我把这一切划分到获取知识的类别之中。还存在任何其他形式的学习吗？如果除了积累知识以外，没有其他形式的学习，那么老师或教育工作者有什么作用？这正是当前的教育体系所做的事情，产出千千万万个有专业知识的人，产出工程师和科学家，如同传送带上的机械产品一般。如果我有一个儿子,我把他送到欧佳谷,我对自己说:他们会教他什么?他会学习什么?他会成为传送带上的机械产品吗?如果我深入这些问题,我会有一种感觉,这种感觉也许不合理,但我会觉得只有我们教导他、帮助他成为什么都不是的人,我想我们将会创造一个天才。

提问者:你要如何帮助他成为什么都不是的人?

克氏:正如我们之前所说,第一件事是他必须有绝对的安全感,必须非常信任你,并觉得自己受到了保护——不是把控意义上的保护,而是真正的保护——进而拥有自由。我们能做到这些吗?提供安全感和信任感,其中隐含着保护——不是远离动物,不是引导,而是保护。我们能提供强大的沟通感和爱吗?家长、老师和受托人能做到这一点吗?正因如此,建筑样式和建筑物才极为重要,不是吗?所以,当学生来时,他们会感到一种强烈的庇护所的氛围,这里有他们可以真正信赖的人,这些人不会告诉他们该做什么。这并不意味着你要让他们随心所欲,但却会立刻营造出一种感觉,那就是,这里有一群他们可以信任的人,这些人不会打击他们,口头上或是以其他方式。我们能做到这些吗?我们想要完整的人,不是分裂的人。

现在,如果你们明白这是事实,不是想法,我们要如何着手这件事?事实上,这确实是事实。我们在这里,

9　你要如何赢得信任？

我们是老师。我们该怎么办？我们来讨论一下。

提问者：我们会避免依赖。我们明白保护不会转化为依赖。

克氏：当然，是的，但是我们要怎么做？假设我们从1月份开始。我们要如何创造这个东西？

我们所有人都与此事相关。你不能和我做不同的事情，因为如果你做了不同的事情，我们将会毁了彼此和学生。我们大家必须有相同的看法。我可以恭敬地问一句：让学生拥有绝对的安全感，绝对的信任，让学生觉得和这里的这群人在一起的时候终于有家的感觉了，你们感受到这些事的重要性、必要性和紧迫性了吗？像在家里一样并不意味着他们可以随心所欲，这是他们一直以来被灌输的想法，这是一个能为他们提供自由的家。我们可以提供这一切吗？

提问者：先生，我感觉到了，但我不知道"怎么做"。我不明白您要如何着手。

克氏：不，你们和我，我们6个人就是这所学校。我们要如何开始呢？

提问者：我们正在这里做这件事情，我们一直在交流，以后也会如此。

克氏：是的，但是先生，他们来时受到了制约，他们来时心存暴力，他们来时的想法会是："这里有一群谈

当教育成为束缚

论自由的人,我可以愉快地去做自己想做的事情了;不去上课,去爬树,砸窗户,想做什么做什么。"现在,你们要做什么来阻止所有这些事情呢,同时还要不失自由?因为没有自由就毫无意义了。你们要如何给予他们这一切呢?我们内部一直在交流、讨论,明天这些学生就会来了。我们要如何接待他们?我们要如何以口头方式和非口头方式向他们传达所有这些内容呢?首先得是非口头方式;你不能一上来就喋喋不休。那是非常致命的。

提问者:在我看来,我们要做我们正在做的事情。我是说,孩子来了,如果你做了什么不同于现在所做的

9 你要如何赢得信任？

事情，那么你是在因为他而构建情况。

克氏：我了解。到时你们会怎么做呢？

提问者：做当时正在做的事情。

克氏：什么事情？

提问者：换句话说，你正在建立社区，你正在花园里工作，你们正在交谈。这时孩子会有一种信任感和接受感。

克氏：好吧，先生，明天早晨我们将会在集会地点会面。对吗？然后呢？

提问者：我猜在集会地点会面一定是有某种目的的，由您来实现。

克氏：你们知道集会的目的。会面，静坐，看着彼此，了解彼此，沟通交谈等等。然后呢？你们要如何把这一切传达给他们？这里有一群学生们可以真正信任的人；不是家长，不是邻居；孩子们不信任他们。这里的人才能真正称得上在照顾他们，所以他们信任你们。你们要如何向他们传达他们可以信任你们？

提问者：您是说传达的场合可能是在……

克氏：我在问你们会怎么做。如果你们说你们信任他们，他们会后退，不再靠近你们。

提问者：我知道在我的课上我会怎么做。我会以冒险的方式来做这件事。如果我在某种程度上开诚布公地暴露我自己的弱点，那么，他们会发现敞开心扉对他们来说是安全的。这似乎行得通。学生们看到我在冒险，所以他们也能冒险，我们可以信任彼此，变得更亲密一些。你要如何以非口头的方式来做这件事？我知道我有一种感觉我想去做，但我不知道该怎么做。

提问者：你问的是如何让孩子知道他可以信任你。你不必刻意去做任何事情，这是真的吗？

克氏：我明白，但你们要如何赢得这种信任呢？他说他会公开他有多么脆弱，他会公开接受他们的批评，公开接受他们的建议，他不害怕他们，不会试图强加给他们某些东西，不会试图劝诱他们去做任何事情或不去做任何事情。我可以在课堂上或在这一整天中，以口头方式传达所有这些内容。

提问者：在我看来，其中一部分也是在分享他们的恐惧。我会告诉他们我也有很多和他们一样的恐惧。

克氏：啊，等一下，先生。如果我知道你和我很像，我如何能信任你？

提问者：我可以告诉你我是不可靠的，如果我能对我不可靠的事实开诚布公。

克氏：不，可我想要信任你。

提问者：我知道。你们看，我们大家都是不可靠的。

克氏：啊！我理解这一点，可是对学生们来说，能

9 你要如何赢得信任？

够信任你是极其重要的，也是非常必要的。因此我们才会开办这所学校。对我，对学生来说，说出"我的天啊，这里有一群我可以信任的人"是非常必要的。

提问者：可是如果我隐瞒事实……

克氏：你正在给学生以巨大的负担。

提问者：先生，我们是有所畏惧，但是向年幼的孩子们表达这些，显然不会减少他们的恐惧，对吗？

提问者：可是如果我们假装我们无所畏惧，这也是行不通的。

克氏：（笑了）我觉得我们跑题了。来换一种说法：什么会让一个年轻的男孩或女孩信任你？他们需要什么？

提问者：诚实。

克氏：诚实。你确定是诚实。

提问者：是的。

克氏：不。先生，作为学生，我来自我不信任的家庭，在家里，我很多疑，我很焦虑；我也许受到过打击和批评。我的父母也许会说"你弟弟比你聪明多了，你真笨"；你这样，你那样。所以他们在我的内心培养了极度的不信任感。他们喜欢我，因为我是他们的孩子，但是这里没有……我无法信任他们。我带着这种感觉来到这里，我心里有个声音说："看在老天的份上，拜托，在我的生命中，我必须有个可以信任的人。"我带着这种感觉来到你身边。学生们不会把这点表达出来，你不自觉地知道他们的内心有这种想法。那么，我来到了你身边，你会给予我什么？

提问者：爱。你给予爱。

克氏：不，你要怎么做？我想要信任你。

提问者：这不一定会立刻发生。

克氏：我不知道。它也许会在一个早晨或一个小时之内发生，或者在我走进门的那一刻发生，我说："天啊，这里有我可以信任的人，有我爱的人。"这不是时间的问题。它也许会在第一秒就发生，也许会在一周之后发生，我们先把时间问题丢到一边。

提问者：如果孩子感受到我们不会拿他和其他孩子做对比，我想这会让他感到更大的信任感。

克氏：好的，你不会去做比较，不会给他打分等等。这些可以理解。我在问你：我想要信任你。我想有个庇护所，有个我可以低下头说"感谢上天！"的地方。而你对自己说：我要研究他，我要爱他，我必须非常诚实。（笑了）

提问者：什么都不做是唯一安全的做法，因为只要你试图做某件事情，那么你是在试图说服他你是可以信任的，如果你试图说服他，那么他会知道这不是真的。

克氏：（笑了）当然，先生，这很致命。然而，你能

9　你要如何赢得信任？

给我庇护所吗？

提问者：哦，是的，庇护所，食物，我会照顾你等等。

克氏：我知道你会给我这一切。我知道这些是因为我的母亲、父亲、祖母给过我这些。你能真的给我庇护所吗？那是我一直渴望的东西；不是有意识的渴望，而是内心深处的渴望。我想当你能给我真正的庇护所时，我会成长，我会有所成就。

先生们，伴随我成长的人是极端的独裁主义者："智者的独裁是对愚者的救赎。"但他们从未告诉过我内心该做什么。从没有过。他们说我必须读这个，我必须做那个，而我通过了这一切；但在内心方面，在心理方面，他们从未告诉过我："你必须像那样。"不过，我并非总是跟他们待在一起。可这群学生一年中有九到十个月会和你们待在一起，当他们想哭时，他们可以把头靠在你们的肩膀上，他们需要这种感觉。

提问者：我觉得这里将会有很多非凡的爱，我不知道我是否有这种爱。我不知道如何创造它。

克氏：啊，我认为你提了一个错误的问题。这是我正在努力让你们避免的事情，提出错误的问题。先生，你明白我需要庇护所这个事实吗？我来到你身边寻求意义重大的庇护所，不仅仅是食物、衣服和一个房顶，我需要的是庇护所。如果你明白这一点，你会拥有它。他们家中的母亲说:"他们必须有食物。"她为之努力,为之劳作,烹饪做饭。她也许还会做其他各种事情,但她说:"他们必须有食物。"现在,关于信任我们有同样的感觉了吗?我们感受到他们必须拥有信任了吗?

孩子来到你们身边那一刻,因为你们创造了这种信任,他说:"我们老天,就是这里!"看到孩子拥有信任感是老师的责任与职责,就像母亲明白孩子必须有食物一样。

我认为如果你们看到了它的紧迫性,你们会创造出信任。然而,如果你说:"现在,我该如何帮助他信任我?"……(笑了)你们明白了吗?

图书在版编目(CIP)数据

当教育成为束缚：大胆从教育制约中走出来/(印)克里希那穆提(Jiddu Krishnamurti)著；张婕译.
—上海：上海社会科学院出版社，2017
ISBN 978-7-5520-2026-7

Ⅰ.①当… Ⅱ.①克… ②张… Ⅲ.①教育研究 Ⅳ.① G40-03

中国版本图书馆 CIP 数据核字(2017)第 140242 号

Unconditioning and Education
Copyright©2015 Krishnamurti Foundation of America
Simplified Chinese edition copyright:
2017 beijing Green Beans book Co, Ltd
All rights reserved.

Krishnamurti Foundation of America
P.O. Box 1560, Ojai, California 93024 USA
E-mail: kfa@kfa.org. Website: www.kfa.org
Photos courtesy Oak Grove School, Ojai, CA.

上海市版权局著作权合同登记号：图字号 09-2017-338

当教育成为束缚：大胆从教育制约中走出来

著　　者：	[印度] 克里希那穆提
译　　者：	张　婕
责任编辑：	杜颖颖
特约编辑：	刘　朦
封面设计：	主语设计
出版发行：	上海社会科学院出版社
	上海市顺昌路 622 号　邮编 200025
	电话总机 021-63315900　销售热线 021-53063735
	http://www. sassp.org.cn　E-mail: sassp@sass.org.cn
印　　刷：	北京中科印刷有限公司
开　　本：	889×1194 毫米　1/32 开
印　　张：	7.5
字　　数：	140 千字
版　　次：	2017 年 8 月第 1 版　2017 年 8 月第 1 次印刷

ISBN 978-7-5520-2026-7/G·680　　　　　　定价：42.80 元

版权所有　翻印必究